はじめに

思い起こせば1990年代は、新しい世紀の到来を目前にして、環境保全の意識が顕著に社会に浸透した時期でした。

1992年にブラジルのリオデジャネイロで開催された地球サミット（国連環境と開発に関する国際会議）においては、気候変動枠組条約や環境と開発に関するリオ宣言など、現在の国際社会にも極めて大きな影響を及ぼすことになる国際合意がここで形成されました。1996年には国際標準化機構（ISO）により、企業を含むあらゆる組織のための環境マネジメントシステムの規格（ISO14001）が発行されました。これを機に、企業等が自ら、そしてそのサプライチェーン上の関係者に対して、環境保全の管理にシステムとして取り組むことを求める機運が広がったといえます。環境保全の状況を公表する媒体として環境報告書を発行する企業等が増えてきたのもこの時期でした。

21世紀の幕開けである2001年1月には環境庁が環境省に改組され、その3年後に環境配慮促進法が制定されました。

環境配慮促進法においては、省庁ならびに独立行政法人・国立大学法人などの特定事業者に対して環境情報の公表が義務付けられ、地方自治体や大企業には環境情報の公表の努力が義務付けられました。同時に、特定事業者が環境情報を公表するにあたっては、環境報告書を作成し、他の者が行う環境報告書審査を受けるなどによって環境報告書の信頼性を高める努力も義務付けられています。

さらに、環境報告書の審査を行う者に関しては、独立した立場において環境報告書の審査に努めるとともに、環境報告書の審査の公正かつ的確な実施を確保するために必要な体制の整備及び環境報告書の審査に従事する者の資質の向上を図るように努めることが、同法において定められています。

一般社団法人サステナビリティ情報審査協会の前身である日本環境情報審査協会は、このような機運のなかで設立されました。

当時は、環境報告書の審査にあたっては、これを実施する者としての資格制度がなく、いわゆる「江戸時代の医者」に譬えられるように、だれもが環境報告書の審査人を名乗れる状況にありました。

このような状況から脱却して、審査における高い品質を確保し、信頼できる環境情報を社会に広めることを目的として、日本環境情報審査協会は環境報告書の審査人の民間資格を設け、研修と資格判定試験を実施して、一定水準の資質や力量を審査人に装備させるしくみを構築したのです。個人としての審査人だけでなく、法人としての審査機関についてもその体制と運用実態の適切性の評価を行うしくみもつくりました。

その後、環境情報のみならず社会性やガバナンスに係る情報、今でいうところのESG情報が審査の対象として広く社会に認知されるようになるに至り、2007年には、日本環境情報審査協会はサステナビリティ情報審査協会に改組されました。

こんにち、ESG情報に対する審査を受けようとする企業は著しく増えています。大企業のみならず中堅企業においても、ESG情報に対する審査を受けることに関心を示す企業はますます増えてきています。

本書は、ESG情報の審査に関心をおもちの企業やその他の組織の方々を対象に、ESG情報の審査の実際をできるだけ容易に理解いただけることをめざして編まれました。日本環境情報審査協会設立当時から協会会員機関として認められた審査機関において、審査人としての豊富な経験を有する理事・監事たちが、その経験をもとにESG情報の審査の実際を紹介しています。

ESG情報の審査に係るこのような解説書はわが国ではおそらく初めて発行されるものであろうと勝手に推察していますが、初めてというめずらしさだけではなく、実用上においても読者諸氏のお役に立つものであるにちがいないと自負しています。

企業経営層の方々、経営企画部門の方々、IR部門の方々、サステナビリティ部門の方々、人事部門の方々、経理部門の方々など、ESGの取組みには社内のさまざまな部門の広汎かつ横断的な協働が求められます。社内の立場の違いを超えて、広くESG情報審査の参考書として本書を利用いただけることを願ってやみません。

一般社団法人サステナビリティ情報審査協会
代表理事　松尾　幸喜

投資家が期待するESG情報開示
——推薦のことばに代えて

ESG投資は現在、第3ステージに入っていると考えています。第1ステージは、2006年に国連がサポートする責任投資原則（PRI）ができて、年金基金などの長期投資家が調査分析や投資決定を行うプロセスで、企業の環境、社会、ガバナンスへの取り組みを評価することがスタートした時期です。この時期は、ESG投資に取り組む方向性は示されたものの、利用できるESG情報がまだ限られていました。2000年前後に、ダウジョーンズ・サステナビリティ・インデックスとFTSE4Good（フッツイーフォーグッドと発音）のESG投資指数が出来て、先進国企業のESG調査が進みましたが、情報量がまだ十分ではありませんでした。

その後、他の指数会社やESG評価会社も参入してESG情報もかなり揃い、課題は情報の質となりました。この時期を第2ステージと考えています。この頃から現在にかけてESG投資家もかなり増えて、PRI署名機関数は2021年7月12日時点で4,166機関、その総運用資産額は103兆ドルを超えています。日本サステナブル投資フォーラム（JSIF）では2005年以来、日本のサステナビリティ投資を毎年集計していますが、2020年には310兆円となり、欧州、米国に続く規模となり、先行していたカナダとオーストラリア・ニュージーランドを抜いています。

現在は第3ステージと考えています。各国政府、中央銀行、監督官庁、NGOなどによるESG情報に関する取組みが進み、一方ではさまざまな基準や定義を整理・統一する動きが出ているからです。欧州ではタクソノミー（分類・定義）を定める動きや開示の法制化も進み、さらにIFRSが非財務情報の開示について検討をはじめました。こうした状況については、サステナビリティ情報審査協会（J-SUS）のコラムに詳しい解説があります。投資家視点では、投資判断にESG情報が不可欠となり、その情報を企業間で比較可能とするために、財務情報で求められている重要性、簡潔性、信頼性、一貫性などが、同様に求められるようになったと考えています。

また、ESG 投資やグリーン・ファイナンスが本格化したことで、そのような金融が本当に基準を満たしているか見極める必要が投資家サイドにも生じています。金融商品の運用、設定、引受、販売を行う際にグリーンと認識していた商品が、そうではなかったと判明した場合には、金融機関にもさまざまな責任が生じます。金融市場安定化のためにも明確な判断基準が必要だと各国の中央銀行も認識しています。

日本でも、株式のみならず債券や不動産、オルタナティブ投資、また銀行の融資にもサステナブルという考えが広がっています。各官庁主導でさまざまな取組みが進んでおり、今後は日本でも、基準作りや開示内容の審査・保証が必要になってくると考えられます。現在、注目しているのが「企業内容等の開示に関する内閣府令」の改正です。2020 年 3 月 31 日以降に終了する事業年度の有価証券報告書に適用されていますが、記述情報の充実、建設的な対話（投資家とのエンゲージメントを意味する）促進に向けた情報の提供、情報の信頼性・適時性の確保に向けた改正です。今後、企業に望まれるのは、各企業が自社にとって重要な ESG 情報の KPI を特定し、取り組みを進め、その進捗状況を有価証券報告書などで積極的に開示することと考えています。

本書は、審査人として豊富な経験を有する方々が、その経験をもとに ESG 情報審査の実務について解説しています。今後は ESG 情報開示の正確性を期すために、審査されていることが投資家から求められる時代になると考えます。本書を参考にして、企業の皆様が ESG 開示の拡充をさらに進められることを願ってやみません。

日本サステナブル投資フォーラム（JSIF）
会長　荒井　勝

目　次

第 1 章

ESG 情報の審査に関する動向

第1節

ESG情報開示の動向

1 ESG情報とはなにか

本書においては、ESG情報（サステナビリティ情報）の審査について解説してゆきます。

ESG情報の審査とは、企業や自治体あるいは学校法人などの組織が公表するサステナビリティ情報が、その情報を利用する人にとって信頼するに足るものであるかどうかについて、審査機関が第三者としての独立した立場から所定の基準に則って調べてその結論を述べるものです。

ここでいうサステナビリティ情報とは、そもそもどのような情報をいうのでしょうか。

サステナビリティ（英 sustainability）は、持続可能性と訳されます。

この語は、1992年6月にブラジルのリオ・デ・ジャネイロで開催された「環境と開発に関する国際連合会議」（しばしば「地球サミット」と呼ばれます）において決議された「環境と開発に関するリオ宣言」に述べられている「持続可能な発展（英 sustainable development）」という概念に由来します。

持続可能な発展とは、「将来の世代の欲求を満たしつつ、現在の世代の欲求も満足させるような発展」と定義されます。次世代以降の豊かさに負の遺産を押しつけることのないやりかたで現世代の豊かさを追求する発展のありかた、と考えればよいと思います。

例えば、大気中に放出されたフロンが原因で発生すると考えられているオゾンホールは、現在の人類のもっている技術ではこれを修復することができません。いったん発生してしまったら、現時点で人類に知られていない何らかの幸運な作用が偶然に働かないかぎりは、オゾンホールは永遠に存在し続けます。現世代に生きるわたしたちが、便利なフロンを適切に管理せずに大気中に放出し、オゾンホールを発生させてしまうと、将来のすべての世代の人類（及びその他の生物）が、そのオゾンホールを通り抜けた強い紫外線を永遠に浴び続けることになります。

このことは、将来世代の人々の安全や健康を犠牲にしながら現世代の豊かさを追求していると考えられることから、いわば「持続可能でない発展」といえます。

このような持続可能でない発展のしかたがわたしたちの地球に蔓延していることにようやく気づいた人類の深い反省が、地球サミットでの「持続可能な発展」の決議をもたらしたのです。

その後、国際社会における持続可能な発展の追求の潮流はますます高まってきています。とりわけ、2015年9月の国連持続可能な開発目標（SDGs）の採択、同じ年の12月にパリで開催された第21回気候変動枠組条約締約国会議（COP21）でのパリ協定の採択、また、2011年国連人権理事会での「ビジネスと人権に関する指導原則：国際連合「保護、尊重及び救済」枠組実施のために」（いわゆる「ラギー・レポート」）の採択などを機に、国際社会が持続可能な発展に向かって大きく変革しつつあるとの認識が世界中に広く浸透しました。

このような国際社会の変革の認識が広まるに従って、企業を評価する人々の目にも新しい視点が加わりました。

持続可能な発展に向かう国際社会の大変革の波のなかで、企業は今後も生き延び、成長し続けられるのか、ということです。

例えば、気候変動に係わる国家間の約束を果たすために、各国はエネルギーミックスの改編に取り組んでいます。温室効果ガスを排出しない再生可能エネルギーや、単位発熱量あたりの温室効果ガス排出量の少ないエネルギーの割合を増やし、そうでないエネルギーの割合を減らそうとしています。この取組みがすすむと、温室効果ガス排出量が多いとされる石炭や石油といった化石燃料の需要が減り、炭田や油田が閉鎖され、いずれは世界中での市場流通量が少なくなってしまうかもしれません。そのような動向が予測されるなかで、事業プロセスにおけるエネルギーを石炭や石油の燃焼のみに依存している企業があるとすれば、将来も安定して事業を推進してゆけるのか、との懸念を利害関係者に与えてしまうと思われます。

わが国では生産年齢人口割合が減少の一途をたどっています（2019 年 10 月 1 日時点で 59.5 %[(1)]）が、わが国のみならず、同様に生産年齢人口割合が減少している国や地域では、より高い価値の創造のために欠かせない優れた人材の確保がますます困難になってゆくことが予測されます。自社やサプライチェーン上で労働の搾取を前提に事業を行っている企業はもちろんのこと、個人の多様な働き方に対応できない企業は、人材に恵まれず、あるいは取引先からも敬遠されて、事業を発展させることができないのではないかと懸念されるかもしれません。

逆に、個人の多様な働き方を能動的に創り出すことを業として行い、社会の変革を促進している企業があれば、これからのより高度に持続可能な社会においては、その企業はサステナビリティの価値を創造していると評価されるであろうと考えられます。

過去の営業成績に係る情報に加えて、サステナビリティの視点から企業の将来を推測するための情報がほしい、といったステークホルダーの声があります。このように、企業の様々なステークホルダーが大変革への対応のありかたに関する情報の発信を企業に求めるに至って、サステナビリティ報告書あるいは CSR 報告書などと呼ばれる報告書がさかんに発行されるようになりました。

サステナビリティとは、持続可能な発展の視点からみた社会のありかたをいいます。

それゆえ、サステナビリティ情報とは元来、社会の持続可能な発展のありかたを表現する情報のことであると考えられますが、上述の経緯から、より高い

(1) 総務省統計局「人口推計」令和 2 年 4 月 14 日　http://www.stat.go.jp/data/jinsui/2019np/pdf/2019np.pdf

水準のサステナビリティに向かう国際社会の大変革に対応する「企業のありかたを示す情報」のことをさすようになっています。

なお、サステナビリティに関する企業のありかたを示す情報には、サステナビリティ情報のほかに、CSR情報あるいはESG情報と呼ばれるものがあります。これらは相互にどう異なるのか、あるいは同じなのか、ということがしばしば論じられることがあります。サステナビリティの追求は企業の多くの社会的責任のうちのひとつであるから、サステナビリティ情報はCSR情報の構成要素のひとつであるといった解釈があるかもしれません。あるいは、サステナビリティに対応する企業のありかたを示すサステナビリティ情報を、元来の社会のありかたの表現であるサステナビリティ情報と区別するとき、それは主に環境、社会、ガバナンスの情報であるから、すなわちESG情報なのだといった説明がなされたりします。広く一般に妥当と信じられている有力な説明はないように思われますが、ビジネスの議論において最近はESG情報と呼ぶことが増えているように思われます。本書においては、サステナビリティ情報、CSR情報、及びESG情報という語をいずれも厳密に区別することなく同じ意味で、以後原則として「ESG情報」と呼ぶことにします。

2　ESG情報の開示に関する世界の動向

企業がESG情報を公表する傾向は世界中で高まっています。KPMGの調査によると、2020年には世界の大企業の96%、各国（調査対象52か国）ごとの売上高上位100社（合計5,200社）の企業の77%がESG情報を公表していると報告されています。

この調査では、2つのグループの調査対象を設定しています。

G250と名付けられたグループは、フォーチュン誌のグローバル500企業のうちの売上高の上位250社です。

また、N100と名付けられたグループは、調査対象国のそれぞれの売上高上

図表1－1　世界のESG情報開示割合の推移

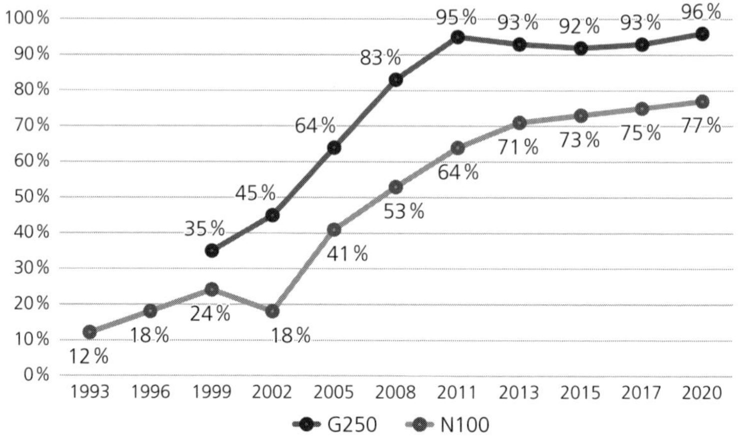

調査対象：G250＝フォーチュン誌グローバル500企業のうち上位250社。
N100＝調査対象各国の売上高上位100社の合計。調査年度ごとに対象国の数は異なる。2020年のN100は52か国。
出典：KPMG International『The time has come – The KPMG Survey of Sustainability Reporting 2020』（2020）p.10を基に筆者作成。

位100社で構成されます。調査年度ごとに調査対象国の数が異なるため、対象企業の数は一定ではありません。例えば2002年の調査対象国は16か国でしたので、調査対象企業の数は1,600社でしたが、2020年の調査対象国は52か国でしたので、調査対象企業の数は5,200社となっています。

1999年においては、G250に属する世界の大企業でも、ESG情報を開示している企業は35％にすぎず、N100に属する各国の大企業においては24％でした。その後毎年それらの割合は伸び続け、2011年にはG250でESG情報を開示している企業の割合は95％に達しました。それ以降2017年まではわずかに割合を下げながらもほぼ横ばいを続け、2020年には2011年の水準をわずかに凌ぐものになりました。ESG情報を開示している企業の数は飽和状態にあるとみられます。

2011年にG250が95％に達したとき、N100の割合は64％でした。N100

はその後も増え、2013 年に 71 %、2015 年に 73 %、2017 年には 75 %になりました。2020 年の値は 77 %となり ESG 情報を開示している企業の割合は着実に増加していることがわかります。KPMG によれば、2020 年の調査対象全 52 か国のうち、2017 年と同じ対象国（49 か国）だけをみれば ESG 情報を開示している企業の割合は 80 %であり、2017 年までの増加傾向よりもその伸びは著しくなっていると説明されています。

企業の ESG 情報を求める潮流を反映して、今世紀にはいって特に欧州を中心に、企業に ESG 情報の開示を求める法律等が制定（あるいは改正）されてきています。

英国「会社法」の「2013 年改正規則(2)」では、上場企業に適用される義務として、アニュアルレポートの一部として戦略報告書を作成し、その中において環境、従業員、社会、コミュニティ、人権の尊重に関する情報を報告することが求められるようになりました。また、同じくアニュアルレポートの一部としての取締役報告書のなかに、温室効果ガス排出に関する報告を含めることにもなっています（その後 2018 年に制定された規則により、年間のエネルギー使用量の報告を含めることも定められました(3)）。

翌 2014 年には EU（欧州連合）から「非財務情報指令(4)」が発令され、経営報告書の中において、環境、社会、雇用、人権の尊重、汚職・賄賂の防止に係わる事項に関する方針やデューデリジェンスのプロセス、リスク管理と管理指標などを報告することが求められました。

これを受けて英国では、2016 年に「会社、パートナーシップ及びグループ（会計及び非財務報告）規則(5)」が制定され、また、ドイツやフランスでも EU

(2) "The Companies Act 2006 (Strategic Report and Directors' Report) Regulations 2013"

(3) "The Companies (Directors' Report) and Limited Liability Partnership (Energy and Carbon Report) Regulations 2018"

(4) "Directive 2014/95/EU of the European Parliament and of the Council of 22 October 2014 amending Directive 2013/34/EU as regards disclosure of non-financial and diversity information by certain large undertakings and groups Text with EEA relevance *OJ L 330, 15.11.2014, p. 1–9* (*BG, ES, CS, DA, DE, ET, EL, EN, FR, HR, IT, LV, LT, HU, MT, NL, PL, PT, RO, SK, SL, FI, SV*)"

の「非財務情報指令」と同様の定めを含む法律(6)(7)や大統領令(8)が制定・発令されました。これらの法令は、これらの国々が上述のEU指令を自国において法制化したものと考えられます。

上記のほかにも、企業にESG情報の開示を求める法令は様々な国々で制定されています。

3 ESG情報の開示に関する日本の動向

一方わが国では、同じくKPMGにより日経225株式銘柄の企業を対象にした調査が行われており、2019年には対象225社の97 %がESG情報を公表していると報告されています。2015年にはすでに96 %に達しており、ESG情報を公表することは、ほとんどの大企業において浸透しているといってよさそうです。

2011年に、ESG情報を開示しているG250企業の割合が95 %に達した頃、わが国の大企業（日経225株式銘柄）におけるESG情報を開示している企業の割合はそれよりやや少ない88 %（225社中197社）でした。しかしその後は少しずつ増え続けて、2015年に96 %（216社）となってからはほぼ横ばいを続けています。2016年、2017年2018年と96 %が続いて、これ以上は伸びないのかとも思われましたが、2019年には1社増えて97 %（218社）に達しました。

一般社団法人サステナビリティ情報審査協会でも、KPMGと同様に日経225株式銘柄の225社を対象に同様の調査を2016年から行っています。

「ESG情報を開示している」ということの定義がわずかに異なるなどのため

(5) “The Companies, Partnerships and Groups (Accounts and Non-Financial Reporting) Regulations 2016”

(6) “CSR-Richtlinie-Umsetzungsgesetzes”

(7) “Ordonnance n° 2017-1180 du 19 juillet 2017 relative à la publication d’informations non financières par certaines grandes entreprises et certains groupes d’entreprises”

(8) “Décret n° 2017-1265 du 9 août 2017 pris pour l’application de l’ordonnance n° 2017-1180 du 19 juillet 2017 relative à la publication d’informations non financières par certaines grandes entreprises et certains groupes d’entreprises”

図表1−2　日本のESG情報開示割合の推移（1）

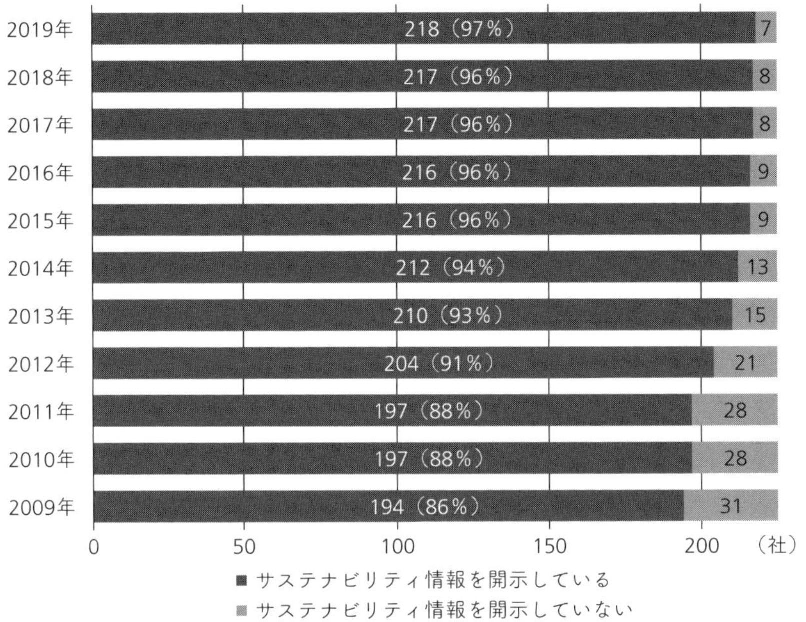

出典：KPMGあずさサステナビリティ株式会社『日本におけるサステナビリティ報告書2019』（2019）p.4、同『日本におけるサステナビリティ報告書2018』（2018）p.4、同『日本におけるサステナビリティ報告書2017』（2017）p.4などを基に筆者作成。

に、上述の調査結果はKPMGの調査結果と厳密には一致していないところはありますが、顕著な差異はみられません。

4　ESG情報の開示媒体

ESG情報は、必ずしもサステナビリティ報告書やCSR報告書によって報告されているとは限りません。先に述べた報告によれば、日経225株式銘柄の企業には、サステナビリティ報告書ではなくアニュアルレポートにおいてESG情報を報告している企業があり、また、サステナビリティ報告書とアニュアルレポートの両方でESG情報を報告している企業や、それらを一体化した報告書を

図表1−3　日本のESG情報開示割合の推移（2）

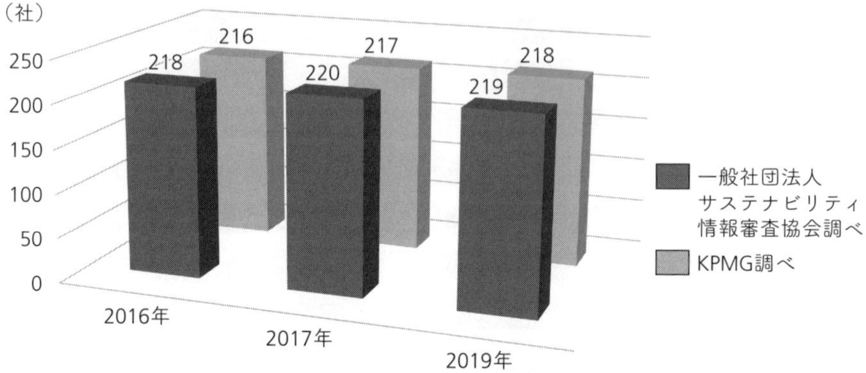

注：2018年には一般社団法人サステナビリティ情報審査協会による調査は実施されていない。

出典：一般社団法人サステナビリティ情報審査協会ウェブサイト
http://j-sus.org/n225_2019.html、http://j-sus.org/n225_2017.html、http://j-sus.org/n225_2016.html（2021年1月30日閲覧）及びKPMGあずさサステナビリティ株式会社『日本におけるサステナビリティ報告書2019』（2019）p.4、などを基に筆者作成。

発行している企業もあって、それらの数の推移についての調査の結果が報告されています。

ここで興味深いのは、2017年に劇的な変化がみられたことです。

ESG情報（サステナビリティ情報）を含むアニュアルレポート（サステナビリティレポートとアニュアルレポートとを一体化した報告書）を発行している企業は、2015年まで漸増傾向にあり2016年には63社になっていたのが、2017年には突然半数以下の30社に減少しました。

また、サステナビリティレポートとアニュアルレポートの両方を発行しているものの、アニュアルレポートにはESG情報（サステナビリティ情報）を記載していない企業は2015年、2016年にはそれぞれ48社、43社でしたが、2017年には26社に著しく減少しました。

これらに代わって、サステナビリティレポートとアニュアルレポートをそれぞれ発行し、その両方においてESG情報（サステナビリティ情報）を報告して

図表 1－4　日本の ESG 情報の開示方法

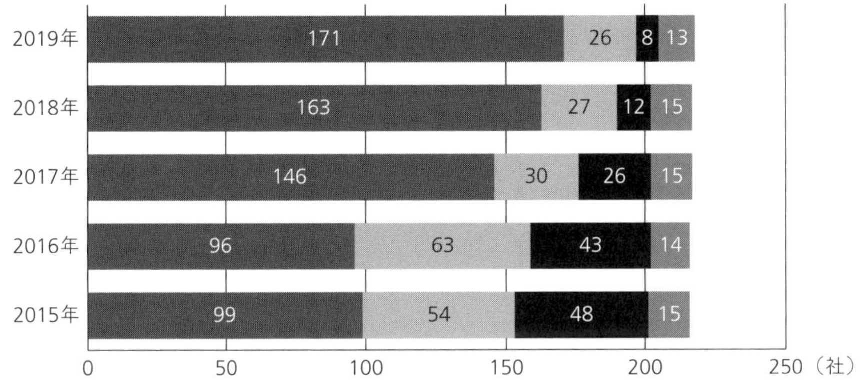

■ 独立したサステナビリティレポートを発行し、アニュアルレポートでもサステナビリティ情報を開示

■ サステナビリティ情報を含むアニュアルレポートのみを開示

■ 独立したサステナビリティレポートを発行しているが、アニュアルレポートではサステナビリティ情報を開示していない

■ 独立したサステナビリティレポートを開示しているのみで、アニュアルレポートはそもそも発行していない

出典：KPMGあずさサステナビリティ株式会社『日本におけるサステナビリティ報告書2019』（2019）p.6、同『日本におけるサステナビリティ報告書2018』（2018）p.6、同『日本におけるサステナビリティ報告書2017』（2017）p.6を基に筆者作成。

いる企業が、2017 年には前年の 96 社から一気に 52 ％増えて 146 社になったことは注目されます。

この 2017 年の急激な変化の背景についての直接の調査はなされていませんが、先に述べた調査を行った KPMG あずさサステナビリティは、「アニュアルレポートだけでは、企業の環境、社会、ガバナンスの側面に着目した投資行動を行う ESG 投資家をはじめとする幅広いステークホルダーの情報ニーズを満たすことが難しいという企業の認識を反映したトレンドであると考える」と述べています[9]。

(9) KPMG あずさサステナビリティ株式会社『日本におけるサステナビリティ報告書 2017』（2017）p. 6（KPMG あずさサステナビリティ株式会社）

第2節
ESG 情報に対する審査の動向

1　ESG 情報に対する審査に関する世界の動向

前節においては、企業の環境、社会、ガバナンスの側面に着目した投資行動を行う投資家がESG 情報を求めていて、そのニーズを満たす必要性がより多くの企業に認識されつつあることが各種の調査結果から窺えることを紹介しました。

そのようなニーズの存在が多くの企業に認識されるようになったきっかけとしては、2006 年に国連が「国連責任投資原則 United Nations Principles for Responsible Investment」を定めて公表したことの影響が大きいと思われます。

国連責任投資原則は、以下の6つの原則から成り、いずれもサステナビリティ（ESG）の視点を投資行動に反映させることを謳っています。

1. 私達は、投資分析と意志決定のプロセスに ESG 課題を組み込みます。
2. 私達は、活動的な株式所有者になり、株式の所有方針と株式の所有慣習に ESG 課題を組み入れます。
3. 私達は、投資対象の主体に対して ESG 課題について適切な開示を求めます。
4. 私達は、資産運用業界において本原則が受け入れられ、実行に移されるように働きかけを行います。
5. 私達は、本原則を実行する際の効果を高めるために、協働します。
6. 私達は、本原則の実行に関する活動状況や進捗状況に関して報告開示します。

図表1−5　ESG情報に対する審査の受審割合（世界）

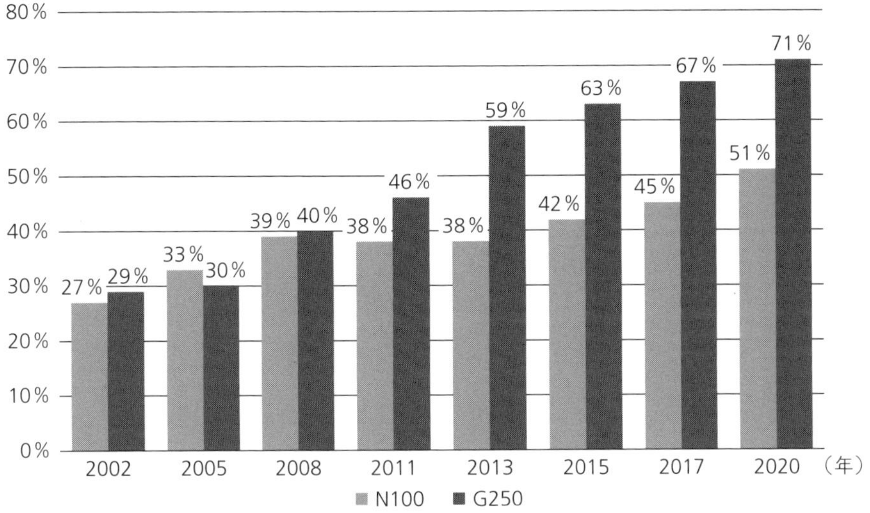

出典：KPMG International『The time has come - The KPMG Survey of Sustainability Reporting 2020』（2020）p.23、同『The road ahead - The KPMG Survey of Corporate Responsibility Reporting 2017』（2017）p.26、同『KPMG International Survey of Corporate Responsibility Reporting 2005』（2005）p.30を基に筆者作成。

わが国を含めて世界中の金融機関や年金基金など多くの機関投資家が、国連責任投資原則に賛同を表明し、世界の4,074機関（うち、日本は93機関。2021年6月13日時点）が署名しました[(10)]。

投資分析と意思決定にESG情報が必要であるということは、国連責任投資原則の公表前にも叫ばれており、その認識は徐々に証券市場に浸透しつつあったのですが、国連責任投資原則がこのニーズを明文化したことで、より広く明確に認識されるようになりました。

分析と意思決定のためのESG情報へのニーズが大きくなるに伴って、その情報の信頼性を問う声も大きくなりました。

(10) 国連責任投資原則ウェブサイト　https://www.unpri.org/signatories/signatory-resources　2021年6月15日閲覧

上述の市場ニーズに応えるため、ESG 情報の開示の広まりとともに、ESG 情報に対する審査も増えてゆきました。調査によれば、今世紀初頭の 2002 年に審査を受けている企業は、世界の大企業においては 30 %に満たない割合でしたが、その後着実に割合は増え、2020 年には 71 %に達しています(11)。世界の大企業においてはESG 情報に対する審査はすでに標準的な慣行になっているといえます。

2 日本の ESG 情報に対する審査の受審動向と ESG 株式指数との相関

世界中で、ESG 情報に対する審査を受ける大企業が徐々に増えていったのと同様に、わが国でも審査を受ける大企業は顕著な増加傾向にあります。

KPMG の調査によれば、ESG 情報に対する審査を受けるわが国の大企業の割合については、とりわけ 2017 年と 2019 年における伸びが顕著で、2017 年には前年の 40 %から 7 ポイント増加して 47 %に、2019 年には前年の 51 %から 10 ポイント増加して 61 %に達しています。この背景には、世界最大の機関投資家である年金積立金管理運用独立行政法人の動向が影響していると考えられます。

2015 年、年金積立金管理運用独立行政法人は国連責任投資原則に署名し、2017 年にはその保有する国内株式の運用に、サステナビリティの視点から評価した結果を反映させた株式指数の指定銘柄を対象に資金を投入するパッシブ運用枠を新たに設けました。当初は国内株式運用額約 35 兆円のうちの約 3 %に相当する 1 兆円ほどの枠でしたが、2020 年 3 月 31 日時点では 4 兆 155 億円

(11) 図表 1 − 5 参照のこと。G250 企業における 2020 年実績の値であるが、71 %の値は 2017 年及び 2020 年ともに同じ企業を対象とした分析に基づいている。2020 年における新たな G250 の企業を対象として分析した場合、審査の受審率は 62 %である。同様に、N100 の企業における 2020 年実績の値は図表 1 − 5 には 51 %と記載されているが、これは 2017 年及び 2020 年ともに同じ国・地域の企業を対象とした分析に基づいている。2020 年における新たな N100 の国・地域の企業を対象として分析した場合、審査の受審率は 49 %である。この旨は原典の KPMG の報告書にも記載されている。

図表１−６　ESG情報に対する審査の受審割合（日本）

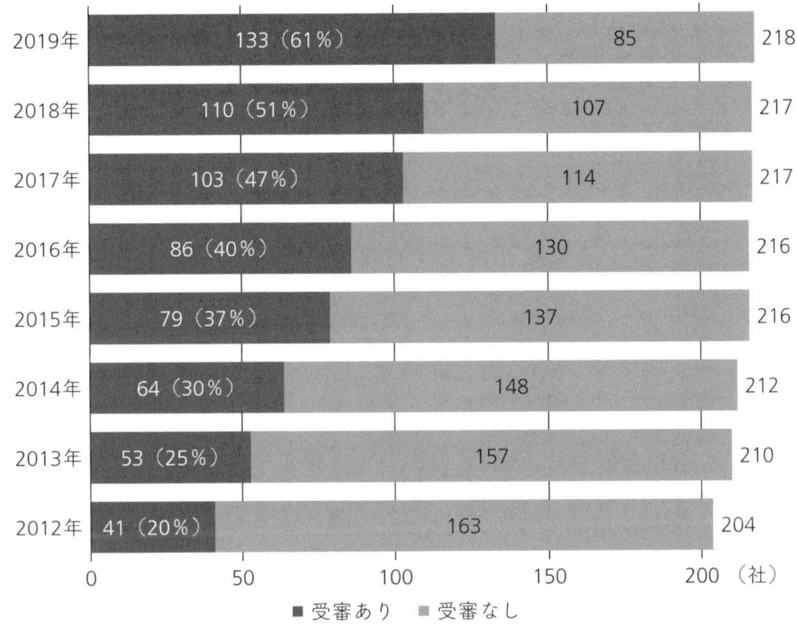

出典：KPMGあずさサステナビリティ株式会社『日本におけるサステナビリティ報告書2019』（2019）p.7、同『日本におけるサステナビリティ報告書2018』（2018）p.7、同『日本におけるサステナビリティ報告書2017』（2017）p.7などを基に筆者作成。

（国内株式）、１兆7,106億円（外国株式）の合計５兆7,261億円に増加しています。これは同法人の運用する資産総額150.6兆円（2020年３月末時点）のおよそ3.8％に相当します[12]。

年金積立金管理運用独立行政法人の採用しているESG株式指数は現在７種類ですが、これらのほかにも世界にはいくつもの有力なESG株式指数があります。企業の格付評価にESGの視点が反映されているとの認識が広く浸透したことにより、信頼性の高いESG情報の発信の重要性が投資家と経営者の双方に強く意識されるようになりました。

(12) 年金積立金管理運用独立行政法人『2019年度 ESG活動報告』（2020）pp. 6、18（年金積立金管理運用独立行政法人）

図表1−7　年金積立金管理運用独立行政法人のESG指定銘柄のうちESG情報に対する審査の受審企業と非受審企業（2020年1月時点）

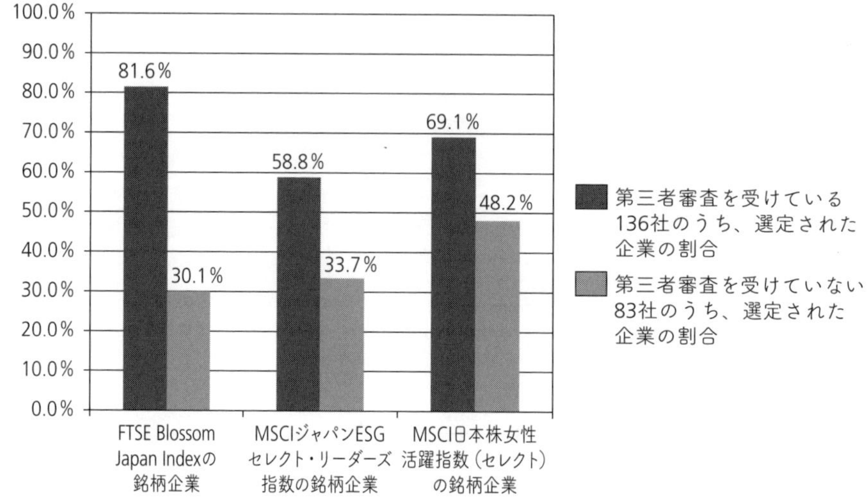

出典：一般社団法人サステナビリティ情報審査協会ウェブサイト
http://j-sus.org/n225_2019.html（2021年1月30日閲覧）を基に筆者が加筆修正。

一般社団法人サステナビリティ情報審査協会は、2020年1月時点の日経225株式銘柄の企業を対象に、ESG情報に対する審査を受けている企業と、上述の年金積立金管理運用独立行政法人のESG株式指数の指定銘柄企業との相関を分析しています。

2020年8月の調査では、日経225株式銘柄225社のうち、ESG情報に対して審査を受けている136社が、年金積立金管理運用独立行政法人のESG株式指数の指定銘柄[13]に組み入れられている割合と、ESG情報に対して審査を受けていない83社が、同ESG株式指数の指定銘柄に組み入れられている割合とを

(13) 年金積立金管理運用独立行政法人の5つ（調査当時。本書発行日時点では7つ）のESG株式指数のうち、「FTSE Blossom Japan Index」、「MSCI ジャパン ESG セレクト・リーダーズ指数」及び「MSCI 日本株女性活躍指数」の3つの株式指数を採り上げています。残りの2つのESG株式指数「S&P/JPX カーボン・エフィシェント指数」及び「S&P グローバル大中型株カーボン・エフィシェント指数（除く日本）」が採り上げられていないのは、指定銘柄に組み入れ、あるいは外すという使い方がされていない指数であるため。

比較しています。

調査の結果、3 つのいずれの株式指数についても、審査を受けている企業のうち ESG 株式指数指定銘柄となっていた割合は、審査を受けていない企業のうち ESG 株式指数指定銘柄となっていた割合を上回りました。とりわけ、「FTSE Blossom Japan Index」においては、後者が 30.1 ％であったのに対して前者はこれを大幅に上回り、81.6 ％に達していました。

ESG 株式指数指定銘柄への組込みということにおいて、審査を受けている企業の割合のほうが審査を受けていない企業の割合よりも高いという現象は、どのようなことが要因となっているのでしょうか。

考えられるのは、これらの ESG 株式指数の評価においては、ESG 情報に対して審査を受けていることに付与される評価点が指定銘柄への組込みに影響しているということ、もしくは、ESG 情報に対して審査を受けている企業には、利害関係者からのサステナビリティの視点からの評価に敏感である企業が多く、そのような企業はESG評価機関から高い評価を得るために然るべき取組みを実践しているということ、もしくはその両方であろうということです。

あるいは次のようなことがあるかもしれません。

わたしたち審査機関は、ESG 情報に対する審査の手続を行っている最中に、指標の算定が不正確であって、それゆえに内部管理に適切に活用できていないこと、あるいは内部管理指標としてはそもそも不向きな指標であることなどを発見することがしばしばあります。

そのようなことを発見したときには、わたしたち審査機関はその旨を受審企業に伝えるのですが、その結果、内部管理により正確な指標の値を用いること、不適切な指標による管理をやめて適切な指標に替えることの機会となって、受審企業の ESG 管理の水準向上に貢献できることがあります（審査が指標のより有効な活用に資するケースについては本書第 3 章を参照ください）。

ESG 評価機関の評価に対する特別な対応だけでなく、審査をつうじてこのような管理の基礎を強化することによって、ESG 管理がより円滑にすすめられているために、ESG評価機関の評価が高くなっているということも推測されます。

3 審査の対象となっている環境パフォーマンス指標と社会パフォーマンス指標（日本）

審査対象とされるESG情報の多くは、温室効果ガス排出量や廃棄物排出量などの環境パフォーマンス指標と、休業災害度数率や女性管理職者比率などの社会パフォーマンス指標です。

わが国では、1998年に監査法人トーマツがトヨタ自動車株式会社の環境報告書に対して実施した審査がESG情報に対する審査の嚆矢とされます。これ以来、わが国の審査は、環境報告書の記載情報を対象とした審査として広まっていったこともあって、現在に至るまで、審査対象の情報は社会パフォーマンス指標に比べて環境パフォーマンス指標のほうが多い状況が続いています。

しかしながら、環境パフォーマンス指標を対象とする審査の数だけが増えているわけではなく、KPMGの調査結果によれば、むしろ社会パフォーマンス指標を対象とする審査の数の伸び率のほうがやや高くなっていることが示されています。

2016年の環境パフォーマンス指標の審査数は85件、社会パフォーマンス指標の審査数は34件であったのに対して、2019年の環境パフォーマンス指標の審査数は132件（55％増）、社会パフォーマンス指標の審査数は56件（65％増）でした。

最近では、温室効果ガス排出量のみを審査対象情報とする審査も増えてきています。これは特に気候変動関連の対応の視点から企業評価を試みる、より多くのステークホルダーが顕在化してきていることが背景にあるものと思われます。

ただし、（温室効果ガス排出量以外の指標を含む）環境パフォーマンス指標の審査は増えず、温室効果ガス排出量のみを審査対象情報とする審査のみが増

図表 1－8　審査の対象となった環境パフォーマンス指標と社会パフォーマンス指標

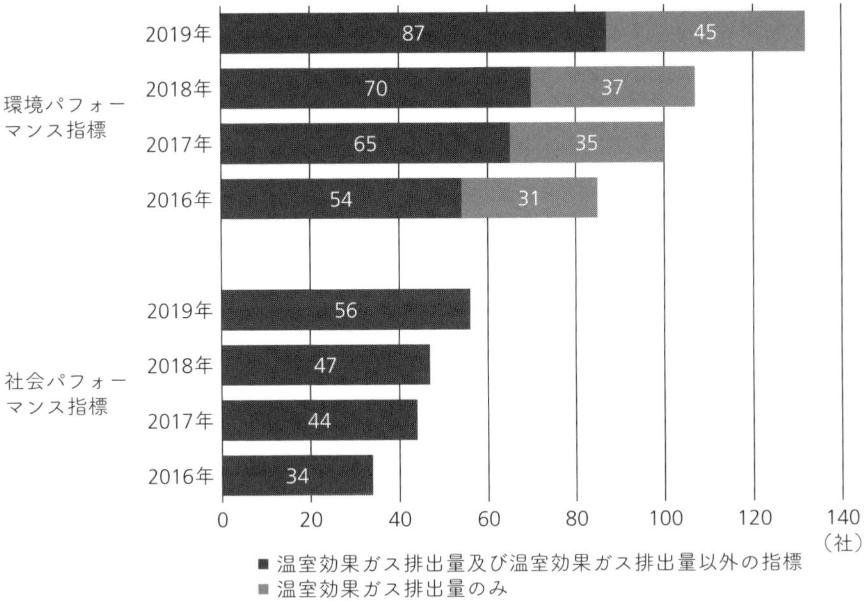

出典：KPMGあずさサステナビリティ株式会社『日本におけるサステナビリティ報告書2019』（2019）p.8、同『日本におけるサステナビリティ報告書2018』p.8を基に筆者作成。

えているというわけではありません。調査結果によれば、（温室効果ガス排出量以外の指標を含む）環境パフォーマンス指標の審査の数と、温室効果ガス排出量指標のみを審査対象情報とする審査の数とを比較した場合、前者に占める後者の割合は、2016 年から 2019 年の期間においてはどの年も 34～36 ％の間で推移しており、両者はほぼ同じ割合を保ちながら数を増やしてきている、ということがわかります。

4　ESG 情報と審査の展望

第 1 章では、企業等の利害関係者、特に投資家の要請に応えるために、企業等の ESG 情報を開示する傾向が高まっていることを述べました。また、開示するESG情報に高い信頼性が求められるとの認識が企業等に広く浸透しつつあることも明らかになっています。

世界中のあらゆる国々が、持続可能な社会の実現に向かってSDGsの目標を掲げ、取組みを加速している状況にあります。利害関係者が企業を評価するにあたって、その企業がそのような大変革の状況下でも着実に成長していけるのかという点がますます強く注目されるであろうことはまちがいないところと考えられます。

利害関係者によって企業が適切に評価されるために、より高い透明性と信頼性を伴うESG情報の開示が国際社会に普及することは、持続可能な社会の実現には欠かせません。ESG情報の審査機関に期待される役割もますます高まっていくことでしょう。

第 2 章

ESG情報の審査の概要と流れ

第1節

審査の概要と受審企業にとってのメリット

1 ESG情報の審査とは

ESG情報の審査とは、企業等の経営者がESGの各側面を評価又は測定した結果を表明した情報（ESG情報）について、それらに対する主要なステークホルダーの信頼の程度を高めるため、審査機関が自ら収集した証拠に基づき基準に照らして判断した結果を結論として報告することをいいます。したがってESG情報の審査はESG情報に対する保証業務です。

2 ESG情報の審査に該当しないもの

上記1「ESG情報の審査」の定義を満たさない以下のような業務は保証業務であるESG情報審査に該当しません。

① ESG情報の収集、作成に係る仕組みの構築又はその支援業務

② 審査の依頼者のためだけに実施するESG情報に係るコンサルティングや助言の業務

③ 必要かつ十分な証拠ではなく、個人の知見に基づいた主観的な評価や勧告を表明する業務（例えば有識者の第三者意見書等）

④ 特定の目的のため、依頼者との合意に基づいた手続きを実施しその結果を報告する業務（ESG情報に係る合意された手続による業務）

3 受審企業にとってのメリット

ESG情報について第三者の審査を受ける企業が増加していますが、受審企業

には以下の主なメリットがあります。

- ESG 情報の利用者に対する信頼感の向上
- ESG 評価機関、機関投資家、取引先、金融機関などからの高評価の獲得
- ESG 情報に関わる内部統制などの経営管理の継続的改善の機会の獲得

2015 年の国連サミットで採択された「持続可能な開発のための 2030 アジェンダ」の目標（SDGs）や同年の COP21 で採択されたパリ協定などをきっかけに、国際的に持続可能な社会に向けて大きな変革を遂げようとしていることの認識が浸透し、経営環境の変化に伴う経営リスク（ESG リスクとも呼ばれる）が強く意識されるようになりました。

ESG リスクを評価してその結果を公表する企業格付けやESG リスクを評価に反映させた株式指標がいくつも生み出され、それらのデータを基にした年金基金をはじめとする有力な機関投資家が新たなESG 投資のポートフォリオを構成したりしています。

これらのことから、透明かつ信頼性の高いESG 情報の開示がますます高く評価されるようになり、これらを背景に、ESG 情報について第三者の審査を受ける企業が増加しています。

ESG 情報の審査を受けることにより開示されているESG 情報の信頼性と透明性が高いことを情報の利用者にわかりやすく伝えることができ、そのことを通じて、持続可能な社会へと向かう世界的変革の潮流の中で、ESG 評価機関や、機関投資家あるいは取引先、金融機関によって高く評価されることが期待できます。

また、審査の実施過程において、作成者側が見落としていた問題や情報の誤り、漏れ等が発見されることがあり、作成者がこれらを是正することにより記載情報の質が格段に向上します。さらに、ESG 情報の審査を受けることによって、企業の持続可能な経営管理に関わる強み、弱みが明確になり、企業の内部統制などについて継続的な改善の機会を得ることができます。

4　審査の要素

(1) 保証業務（審査業務）の要素

ESG情報の審査は、保証対象情報に対する保証業務であり、ESG情報を保証対象情報とします。保証業務の要素には以下のものがあり、それぞれの要素に関する要件は適格である必要があります。

① 三当事者（審査機関、ESG情報の作成者、審査報告書の利用者）

② 保証対象情報（ESG情報）

③ 保証対象情報の作成規準

④ 十分かつ適切な証拠

⑤ 合理的保証業務又は限定的保証業務についての適切な書式の審査報告書

(2) 三当事者（審査機関、ESG情報の作成者、審査報告書の利用者）

① 審査機関

ESG情報の審査において審査機関とはESG情報を審査する者です。審査機関は保証対象となる広範囲の情報について審査を依頼された場合、自らが有する専門的知識及び技能等を超える分野に関する高度の専門的知識及び技能等を必要とされることがあります。審査機関は審査の受嘱に当たって、職業的専門家として求められる、法令や倫理規則等の順守、審査機関としての品質管理体制の整備など、審査機関が準拠する保証業務実施基準（例：サステナビリティ情報審査実務指針(14)、ISAE3000(15)、ISAE3410(16)など）に基づき、審査の実施の前提となる要件を満たす必要があります。このため、審査機関は審査の受嘱要件である倫理上の要件等を満たさない場合は審査を受嘱してはなりません。

---

(14) サステナビリティ情報審査実務指針（2014年12月 一般社団法人サステナビリティ情報審査協会）

(15) ISAE3000：国際保証業務基準第3000号「過去財務情報の監査またはレビュー以外の保証業務」：IFAC International Auditing And Assurance Standards Board（国際監査・保証基準審議会）

(16) ISAE3410：国際保証業務基準第3410号「温室効果ガス報告に対する保証業務」：IFAC International Auditing And Assurance Standards Board（国際監査・保証基準審議会）

審査機関には少なくとも次のような知識、経験及び技能が必要となります。

・審査を受ける企業等の事業活動に伴う社会への影響、その影響に対する主要なステークホルダーの関心、及び企業が適用を受ける関係法令に基づく規制に関する知識
・ESG 情報に関わる内部管理体制及び ESG 情報システムに関する知識
・ESG 情報の作成規準に関する知識
・上記に関わる実務経験及び技能

また、審査機関は、他の専門家が有する特定分野の高度な専門的知識及び技能等を必要とする場合、その専門家が実施する業務の適切性について判断を行う程度の能力及び知識を有している必要があります。審査機関は他の専門家の業務の利用も含め、その審査業務に関して、必要とされる能力を総合的に保有していると判断できる場合にのみ審査を受嘱することができます。

なお、審査機関は独立の立場から公正不偏の態度を保有することが最も重視されるため、自らが、ESG 情報の作成者または ESG 情報の利用者となることはできません。

② ESG 情報の作成者

ESG 情報審査において ESG 情報の作成者は ESG 情報に責任を負う者であり、通常、企業等の経営者です。企業等の経営者は、自己の責任において ESG 情報を主要なステークホルダーに提示するため、ESG 情報に対して責任があり、さらに ESG の各側面に関わる対応の状況に対しても責任があります。

なお、ESG 情報の作成者は必ずしも審査機関と審査契約を締結する当事者である必要はありません。

ESG 情報の作成者は ESG 情報に関する責任等を明確にするため、通常審査機関に対して ESG 情報作成者としての確認書を提出します。ESG 情報の作成者と審査契約を締結する当事者が異なるときであっても、審査機関は ESG 情報の作成者の確認書を入手すべきです。

③　審査報告書の利用者

ESG 情報の審査業務において審査報告書の利用者とは、審査機関が作成した ESG 情報の審査に関わる審査報告書を利用するものです。

審査報告書は全ての利用者向けのものですが、ESG 情報の審査に関わる審査報告書利用者は多数であって特定は困難です。そのため、審査報告書の利用者を、企業等の ESG の各側面に関わる対応の状況に起因して重要な影響を受けるかまたは重要な影響を与えるステークホルダーとみなします。ESG 情報の審査業務において、このような主要なステークホルダーとしては、例えば投資家、取引先、消費者、従業員等があります。

審査報告書の利用者が ESG 情報の審査の要件決定に関わる場合であっても、実施すべき証拠収集手続きの種類、実施の時期及び範囲は、審査機関自らの責任で決定します。さらに ESG 情報に修正を検討すべき重要な事項を発見した場合に、問題として取り上げるか否かは、審査機関自らの責任で決定します。

図表 2−1−1　三当事者（審査機関、ESG 情報の作成者、審査報告書の利用者）の関係

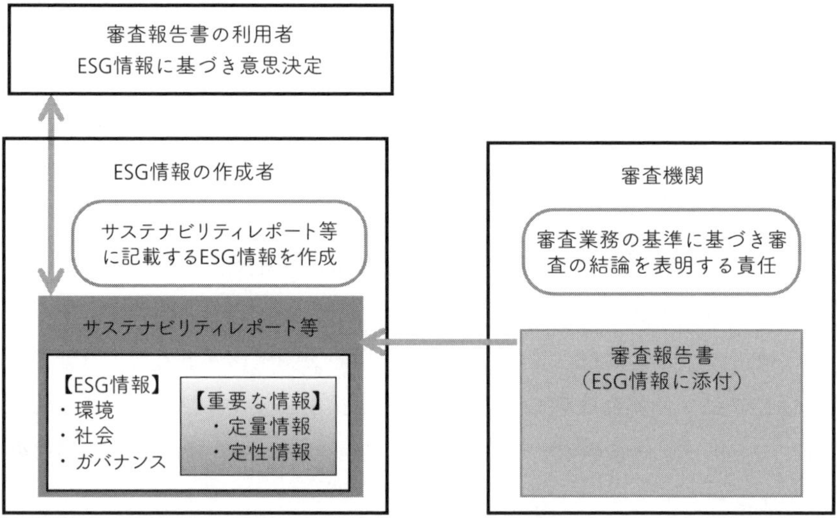

（出所：筆者作成）

審査報告書の利用者または利用目的を制限する場合には、その利用者または利用目的を制限する旨を審査報告書に記載します。

なお、ESG 情報の作成者は審査報告書の利用者の一人となることはできますが、唯一の利用者となることはできません。

(3) 保証対象情報（ESG 情報）

保証業務（審査業務）において保証対象情報とは、一定の規準に基づいて企業の活動を評価又は測定した結果を表明する情報をいいます。ESG 情報においては、一定の規準に基づいて企業の ESG の各側面に関わる対応状況を評価または測定した結果を表明する情報であり、ESG 各側面に関わる対応状況を表象している限り、定性情報・定量情報、結果・行為などの別を問いません。

審査機関は ESG 情報の適切性を評価する必要があります。

ESG 情報の審査における適切な情報は、次の特徴があります。

① 識別可能で、かつ規準に基づいて首尾一貫した評価または測定ができるものであること

② その ESG 情報が、次項に述べる合理的保証または限定的保証の適切な結論を導き出す十分かつ適切な証拠の収集手続を可能とするものであること

また十分かつ適切な証拠の収集手続を可能とするためには、ESG 情報の審査を実施する目的に合致した信頼性を判断できる客観的かつ中立的な規準の存在が必要となります。

(4) 保証対象情報の作成規準

① ESG の各側面に関わる対応状況を評価または測定するための規準

ESG 情報の審査の信頼性を確保するためには、ESG の各側面に関わる対応状況を評価または測定するための規準（以下「規準」という）が必要となります。

審査機関にとっては、規準は ESG の各側面に関わる対応状況を評価、測定及び判断するための規準となります。規準は審査機関による結論の報告に際して、その結論を形成するための根拠として重要であることから、審査機関が合

理的に結論を導き出せるものであって、独自の期待、判断及び個人的な経験によることは適切ではありません。

適切な規準としての要件は、次のようなものが考えられます。

図表2−1−2　適切な基準の要件

・目的適合性
投資家、取引先、消費者、従業員等のESG情報の利用者による意思決定に役立つ結論を導くのに資する規準であること。
・完全性
各業務環境の下で得られる結論に影響を与えるESGの各側面のうち関連する側面のいずれもが省略されていない規準であること。なお、目的適合的であるならば、表示及び開示の規準が含まれる。
・信頼性
同一の環境で審査人が利用するとき、ESGの各側面に関わる対応状況の評価又は測定を合理的にかつ首尾一貫して行うことができる信頼性のある規準であること。
・中立性
偏見のないESG情報を導くのに資する中立的な規準であること。
・理解可能性
ESG情報の利用者が理解可能な情報をもたらす規準であること。

（出所：サステナビリティ情報審査実務指針をもとに筆者作成）

規準は制度として確立されたものとESGの各側面に関わる対応状況に応じて特別な目的のために作成されたものとに区別することができます。

特別の目的のために作成された規準の適切性を評価するに当たっては、審査機関は上記の規準としての要件を満たしているか否か及び以下の事項も考慮して慎重に検討します。

・関連する法令
・業界ガイドライン、国内外の同業他社が使用している規準
・主要なステークホルダーの関心
・ESG情報に関するガイドライン等

② ESG情報利用者の規準の利用可能性

ESGの各側面に関わる対応状況がどのように評価または測定されているのかをESG情報の利用者が理解するためには利用者にも規準が利用可能であること

が求められます。利用者にとって利用可能な規準とは以下のような規準となります。

・公表されている規準
・ESG 情報に明示されている規準
・審査報告書に明示されている規準
・広く一般に理解されている規準

規準が特定の利用者のみに利用可能である場合、または特定の目的のみに適合するものである場合には、その規準に基づいた結論を報告する審査報告書の利用は、その特定の利用者または特定の利用目的に制限されます。その場合には審査報告書にその事実を開示します。

(5) 十分かつ適切な証拠

審査機関が ESG 情報の審査において適切な結論を導き出すためには、上記 ESG 情報に関わる適切な規準とともに、企業の ESG の各側面に関わる対応状況を評価または測定した結果に関わる十分かつ適切な証拠を収集する必要があります。

適切な証拠には担当者の陳述、現場の活動状況、評価、測定の過程を示す記録等があり、審査機関は後述する証拠収集手続により証拠を収集します。

(6) 合理的保証業務または限定的保証業務についての適切な書式の審査報告書

保証業務（審査業務）は次項 5「審査の分類」に述べるように合理的保証業務及び限定的保証業務に分類されます。それぞれの業務において、審査機関は入手した証拠を規準に照らして吟味、評価し、審査の結論をまとめます。そしてそれらを適切な書式の審査報告書により表明します。審査報告書については第 4 節で詳述します。

5 審査の分類

ESG情報の審査は、審査実施の結果、ESG情報の信頼性について保証水準に応じて、合理的保証（高位の保証水準）の審査と限定的保証（中程度の保証水準）の審査とに分類されます。

① 合理的保証の審査

ESG情報の審査において合理的保証を与えることができる場合とは、審査機関が保証業務リスクを合理的に低い水準に抑えることができたと判断した場合です。この場合に審査機関はESG情報を審査した結果として積極的形式によって結論を表明します。

例：「…会社のESG情報は、会社が採用した算定及び報告の基準に準拠して作成されていると認める。」

② 限定的保証の審査

ESG情報の審査において限定的保証を与えることができる場合とは、保証業務リスクの水準が合理的保証の場合よりは高いが、結論を表明する基礎として有意の水準での保証を与えることができる程度に審査機関が保証業務リスクを抑えることができたと判断した場合です。この場合に審査機関はESG情報を審査した結果として消極的形式によって結論を表明します。

例：「…会社のESG情報は、会社が採用した算定及び報告の基準に準拠して作成されていないと信じさせる事項はすべての重要な点において認められなかった。」

なお、ESG情報の審査において、当初から比較的証明力の低い証拠しか入手しないことが想定される場合には、合理的保証は与えることはできず、限定的保証のみを与えるかまたは保証を与えないことになります。

6　審査の流れ

ESG 情報の審査の流れは大きく次のように分けられます。

・契約前手続

・契約

・計画

・保証業務手続の実施（証拠収集）

・結論の形成（報告書）

これらについて次節以降で説明します。

第2節

契約締結前手続から審査計画策定まで

本節では、契約前手続、契約手続、審査計画策定の流れに沿って、主として審査機関側が実施する主な内容に関して説明します。以下の図表はその流れとその項目を示しています。

図表2－2－1　契約締結前手続から審査計画策定

	1. 契約前手続	2. 契約手続	3. 審査計画策定
主な実施内容等	(1) 審査業務実施者の独立性の検討 (2) 企業側の審査受け入れ体制等の確認 (3) 審査機関の適性と能力の検討 (4) 審査業務実施者の業務上のリスクの検討	(1) 見積書・提案書作成、提出 (2) 企業側からの業務の依頼 (3) 審査機関側から契約書案の提出 (4) 契約内容の合意・契約書の締結	(1) 審査計画策定の概要 (2) 企業の事業環境等の理解 (3) リスク・アプローチ (4) 重要性の勘案 (5) 往査事業所の選定 (6) 審査業務手続に関する計画

（出所：筆者作成）

1　契約前手続

審査業務は、審査依頼企業と審査機関との審査業務契約の締結により業務が開始されます。しかし、審査機関は、審査業務契約の受嘱が可能かどうかを判断するための方針と手続を有しており、契約の締結前に様々な検討を実施したのちに初めて契約の締結が可能となります。

審査機関が契約の締結前に実施すべき主な事項として、審査業務実施者（審査機関、審査業務従事者）の独立性の検討、審査を受ける企業側の審査受け入れ体制の確認、審査機関の適性と能力の検討、審査業務実施者の業務上のリスクの検討などがあります。

(1) 審査業務実施者の独立性の検討

審査業務実施者（審査機関、審査業務従事者）は、業務の依頼企業との関係において、特別な利害関係を有してはならず、審査業務を受嘱または実施の過程において独立した立場を保持しなければなりません。また、独立性の保持に疑いを持たれるような関係や外観を持たないようにしなければなりません。

そのために、審査機関は、審査機関としての独立性に問題がないかどうかと、審査業務を担当する審査業務責任者及び審査業務担当のメンバーに対して独立性に問題がないかどうかについて、確認手続きを実施します。

独立性の検討にあたって、審査業務実施者は以下のような利害関係を有すると判断される場合には、業務を受嘱することはできません。

・審査依頼企業グループからの収入の大部分（概ね 20 ％以上）を占める場合
・審査依頼企業と訴訟（または起きる可能性が高い）関係にある場合
・過去 1 年以内に社会慣行を超える接待／贈答を受けた、または行った場合
・役員、審査関係者（審査業務実施者、品質管理担当者）が過去 3 年以内に審査依頼企業の役員、サステナビリティ報告書等作成責任者など重要な役職にあった場合
・役員、審査関係者と生計を一にする 2 親等以内の親族等が審査依頼企業の一定以上の株式を保有している場合
・サステナビリティ報告書等の作成支援をし、自己審査となる場合
・審査依頼企業と重要かつ緊密な商業上の関係にある場合
・審査依頼企業の経営者の意思決定に関与、または経営者が本来果たすべき役割を代行して責任を負っている場合
　–管理システムの改善の実施を決定すること。
　–管理活動の承認、実行を審査依頼企業に代わって権限行使すること。
　–パフォーマンス指標に関する原始書類を作成すること。　　など

図表2−2−2　審査人等が回避しなければならない利害関係

倫理規程第９条の規定に基づき、審査人等が回避しなければならない利害関係を以下に定める。

（1）特定の被審査事業体又は被審査事業体グループから継続的に受け取る報酬（サステナビリティ報告書等の審査業務以外の報酬を含む）が、審査人等の収入の大部分（概ね 20 ％以上）を占める場合

（2）特定の被審査事業体と審査人等との間に訴訟が起きていること又は起きる可能性が高い関係にある場合

（3）被審査事業体から過去１年以内に社会慣行を超える接待若しくは贈答を受けた場合、又は、被審査事業体に対して過去１年以内社会慣行を超える接待若しくは贈答を行った場合

（4）審査機関の役員、審査チームのメンバー、品質管理の判定者が過去３年以内に被審査事業体の役員、経営の意思決定（出資、人事、資金、技術、取引等）に重要な関りをもつ役員又は使用人等であった場合

（5）審査機関の役員、審査チームのメンバー、品質管理の判定者、これらの者と生計を一つにする２親等以内の親族等が被審査事業体の株式を保有している場合

（6）サステナビリティ報告書等の審査業務において報酬を得て、提供したサステナビリティ報告書等の審査業務以外の業務（サステナビリティ報告書等の作成代行業務や記載されている温室効果ガスの排出量の算定業務など）の結果を自ら審査対象とすること

（7）審査人等が、被審査事業体と、重要かつ緊密な商業上の関係（主に利益獲得を目的とした関係）を持ち、又はこれらとの合弁事業に参加している場合

（8）審査人等が、被審査事業体（その主要な関係会社を含む。）との間で債権者又は債務者の関係にある場合（債務保証を行い、又は債務保証を受ける場合も同様とする。）

　ただし、上記の取引には、サステナビリティ報告書等の審査業務に関する債権、公認会計士等に係る利害関係に関する内閣府令第１条に規定する特別の事情を有する債権又は債務と同様の債権又は債務を除く。

（9）審査人等が、被審査事業体（その主要な関係会社を含む。）との間で重要な財産の貸借（リースを含む。）取引がある場合

　ただし、上記の取引には、通常の条件による審査機関の事務所の賃借取引を除く。

（10）審査人等が、被審査事業体（その主要な関係会社を含む。）から、過去３年以内無償又は通常の取引価格より著しく低い対価による特別の経済上の利益の供与を受けた場合

（11）審査人等が、被審査事業体（その主要な関係会社を含む。）の発行する有価証券（出資を含む。）を５単元株相当以上所有又は過去１年以内に売買している場合

　ただし、証券投資信託は、ここでいう有価証券に含まないものとするが、自ら関与する被審査事業体が発行する証券投資信託を所有又は売買できない。売買の場合は過去１年間における取引合計とする。

（12）審査人等が、被審査事業体（その主要な関係会社を含む。）より５％以上の出資を受けている場合、又は役員の派遣を受けている場合（ただし、被審査事業体から独立していることを審査人等が証明できる場合は、この限りではない）

（13）審査人等が被審査事業体の経営者の意思決定に関与していること、又は被審査事業体の経営者が本来果たすべき役割を代行して責任を負っている場合

　①　環境負荷に対する日常的な監視・サステナビリティ・マネジメント活動等のように被審査事業体の経営あるいは管理プロセスに関連する定型的な活動を遂行すること。

　②　サステナビリティ・マネジメントシステムの改善が必要な場合に、その改善の実施を決定すること。

　③　サステナビリティ・マネジメント全般に係る内部監査計画の承認あるいはそれに対する責任を負うこと。

　④　サステナビリティ・マネジメント上の内部統制機能に責任を負うべき被審査事業体の経営者に代わって行動すること。

　⑤　サステナビリティ・マネジメント活動の承認、実行を被審査事業体に代わって権限行使すること。

　⑥　環境パフォーマンス指標に関する原始書類を作成すること。

（14）審査人等が、サステナビリティ報告書等の審査業務とサステナビリティ情報システムの整備又は管理に関する業務を被審査事業体に同時に提供すること。

（15）被審査事業体のサステナビリティ報告書等が連結グループベースで作成されている場合、当該被審査事業体の環境パフォーマンスに明らかに重要な影響を与える子会社等に対して、独立性を損なうようなサステナビリティ報告書等の審査業務以外の業務を同時提供し、継続的に報酬を受け取っている場合

（16）被審査事業体が例えば持株会社である上場会社の重要な連結子会社であって、審査人等が当該被審査事業体の親会社株式を５単元以上保有している場合

（出所：一般社団法人サステナビリティ情報審査協会『倫理規程』『禁止される利害関係 付則』をもとに筆者作成。http://www.j-sus.org/rinri-kitei.pdf））

(2) 企業側の審査受け入れ体制等の確認

審査機関は、企業側に対して審査を受け入れる体制等が整っているかどうかについて確認する必要があります。主な確認事項としては、企業側と審査機関側との役割と責任の理解、保証対象情報（主題情報）の作成に適用する作成基準の存在、保証対象情報の作成に関する内部統制の状況などがあります。

これらの確認の結果、企業側に審査を受け入れる体制等が整っていないと判断された場合には、審査機関は業務を受嘱することができないこととなります。

図表2−2−3　審査を受ける企業側の審査受け入れ体制等の主な確認事項

企業側と審査機関側との役割と責任の理解	保証対象情報の作成に適用する作成基準の存在	保証対象情報の作成に関する内部統制の状況

（出所：筆者作成）

①　企業側と審査機関側の役割と責任の理解

審査業務にあたっては、企業の経営者は保証対象情報に適用される作成基準に基づきサステナビリティ報告書等に記載するESG情報を作成する責任があることを理解する必要があります。一方審査機関の業務責任者は審査基準（保証業務基準）に基づき保証の結論を表明する責任があることを理解する必要があります（二重責任の原則）。当該内容の趣旨に関しては、審査業務契約書において記載することになり、お互いにその役割と責任とを十分に理解した前提で審査が成り立ちます。

> 24. 業務実施者は、保証業務の前提条件が満たされているかを明確にするため、業務の状況に関する予備的知識及び適切な当事者との協議に基づいて、以下について判断する。
>
> (a) 適切な当事者の役割と責任は、業務の状況において適当である

（ISAE3000 過去財務情報の監査又はレビュー以外の保証業務　24 抜粋）

図表２－２－４　保証業務の概念図と二重責任の原則

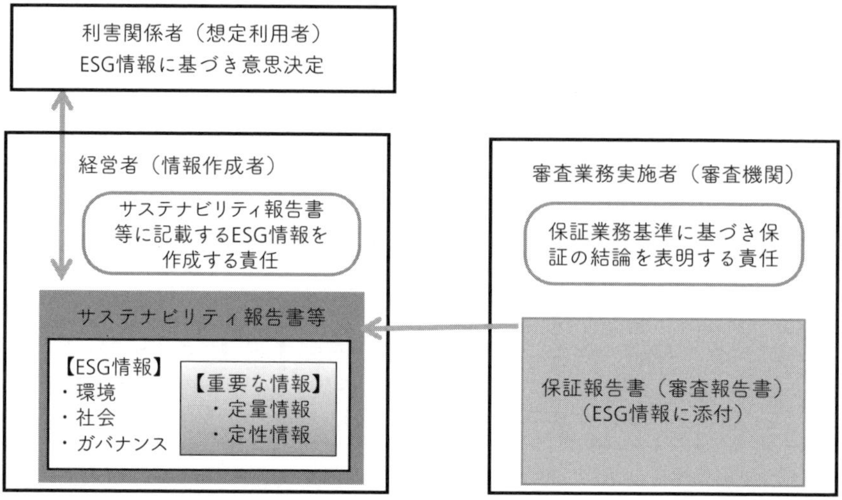

（出所：筆者作成）

② 保証対象情報の作成に適用する作成基準の存在

上記で述べたとおり、審査業務を受けるにあたり、企業の経営者は保証対象情報に適用される作成基準に基づきサステナビリティ報告書等に記載の保証対象情報を作成する責任があるため、保証対象情報の作成に適用する作成基準の存在は不可欠となります。

適切な作成基準としては、目的適合性、網羅性、信頼性、中立性、理解可能性の要件を具備している必要があります。通常、ESG 情報（サステナビリティ情報）に関しては、財務会計のような一般に公正妥当と認められる企業会計の基準[17]が確立されていないため、サステナビリティ報告書等において、保証

(17)「一般に公正妥当と認められる企業会計の基準」は、例えば、企業会計審議会または企業会計基準委員会から公表された会計基準、企業会計基準委員会から公表された企業会計適用指針及び実務対応報告、日本公認会計士協会から公表された会計制度委員会等の実務指針及び Q&A、一般に認められる会計実務慣行などを言います。

対象情報に係る算定方法等について記述されているのが一般的です。したがって、審査機関は、保証対象情報が開示されている過年度のサステナビリティ報告書等をレビューし、保証対象情報の作成に適用される基準（算定方法、対象組織範囲等）に関して、適切な規準[18]であるかどうかを確かめることになります。もし、サステナビリティ報告書等に当該情報が記載されていないのであれば、企業側に保証対象情報の作成に適用した作成基準（算定方法、対象組織範囲等）を確認し、適切な規準かどうかを確かめる必要があります。

保証対象情報の作成に適用する基準の開示について、算定方法や対象組織範囲等が異なっていれば、当然その結果に対しても異なることになります。審査業務の前提として、どのような対象組織範囲において、どのような算定方法等の基準を用いているのかを、保証対象情報と共にサステナビリティ報告書等に開示して明確にすることは極めて重要です。

適切な規準については、①目的適合性、②網羅性、③信頼性、④中立性、⑤理解可能性の要件を満たす必要があり、審査機関は会社が開示する作成基準についてこれらの要件を満たしているかどうか確かめることになります。

> 24. 業務実施者は、保証業務の前提条件が満たされているかを明確にするため、業務の状況に関する予備的知識及び適切な当事者との協議に基づいて、以下について判断する。
>
> （～略～）
>
> (b) 業務に、以下の特性のすべてが備わっている
>
> （ｉ）主題が適切である
>
> （ii）業務実施者が主題情報の作成に適用されると想定する規準は、それらが以下の特性を備えていることを含めて、業務の状況に適合している
>
> a. 目的適合性
>
> b. 網羅性
>
> c. 信頼性

(18) ここで「規準」は、具体的に存在する基準（「○○基準」など）のことではなく、一般的に様々な基準を総称した表現のものであり、クライテリア（criteria）のことを指します。

d. 中立性

e. 理解可能性

(ISAE3000 過去財務情報の監査又はレビュー以外の保証業務　24 抜粋　下線は筆者)

またサステナビリティ報告書等を作成するために適用する基準については、想定利用者にとって利用可能であることが必要です(19)。

したがって、第三者保証を受けるサステナビリティ報告書等において、当該作成に適用する基準が公開されている基準ではない場合にはサステナビリティ報告書等に開示することが必須となります。

（iii）業務実施者が主題情報の作成に適用されると想定する規準は、想定利用者にとって利用可能である

(ISAE3000 過去財務情報の監査又はレビュー以外の保証業務　24（b）抜粋　下線は筆者)

③　保証対象情報の作成に関する内部統制(20)の状況

先に触れたとおり企業の経営者は保証対象情報に適用される作成基準に基づきサステナビリティ報告書等に記載の保証対象であるESG情報を作成する責任があることから、当該作成過程における内部統制を整備して、運用する責任を有しています。

審査機関は、企業側の保証対象情報を作成するプロセス、内部統制の整備・

(19)『国際保証業務基準 3000 号「過去財務情報の監査又はレビュー以外の保証業務」』（日本公認会計士協会訳）（https://jicpa.or.jp/specialized_field/isa_18.html）

(20) 財務報告においては「内部統制とは、基本的に、業務の有効性及び効率性、財務報告の信頼性、事業活動に関わる法令等の遵守並びに資産の保全の 4 つの目的が達成されているとの合理的な保証を得るために、業務に組み込まれ、組織内の全ての者によって遂行されるプロセスをいい、統制環境、リスクの評価と対応、統制活動、情報と伝達、モニタリング（監視活動）及び IT（情報技術）への対応の 6 つの基本的要素から構成される。」である。『財務報告に係る内部統制の評価及び監査に関する実施基準』（企業会計審議会）（https://www.fsa.go.jp/news/r1/sonota/20191213_naibutousei/1.pdf）

ESG 情報の内部統制においては、対象が財務情報ではなく ESG 情報にかかわる報告である点を置き換えて考えればよいと思われます。

運用状況等を聴取して業務が受け入れ可能かどうか判断しなければなりません。この場合、内部統制が構築されていない状況であると判明した場合には、審査業務の受嘱が可能かどうかを慎重に判断する必要があります。また結論を裏付けるために必要な証拠（保証対象情報に関連する文書や記録の根拠資料）が入手可能である必要もあります。

> (ⅳ) 業務実施者の結論の根拠となる必要な証拠を入手することができると業務実施者が考えている
> (ISAE3000 過去財務情報の監査又はレビュー以外の保証業務　24 (b) 抜粋
> 下線は筆者)

したがって、審査機関は、審査を受ける企業が審査を受け入れ可能な体制にあるか、審査に対応可能な内部統制が構築されているかどうかなどを確認したのちに業務の受入を判断することになります。

なお、内部統制が構築されておらず、合理的保証業務を受嘱できない場合においては、限定的保証業務を受嘱することもできないことになりますので留意が必要です。換言すると、内部統制が構築されていないので合理的保証業務は受嘱できず、限定的保証業務を受嘱するということはあり得ないということです。

(3) 審査機関の適性と能力の検討

審査機関は、審査業務を受け入れるかどうかについて、審査機関の適正と能力の検討をする必要があります。そのため審査機関として適切な適正と能力を備えたチームを編成することと、その審査チームメンバー個人の職業的専門家としての力量を考慮して検討する必要があります。

①　適切な適性と能力を備えたチーム編成

審査機関は、業務の実施にあたり、企業の規模・複雑性・特殊性など、及び保証対象情報等を含め審査依頼内容について、当該業務に適切な適性と能力を備えたチーム編成が可能かどうかを検討する必要があります。検討の結果、審査を実施するための時間や資源を含み専門的能力を確保できる場合にだけ、審査業務契約の締結が可能となります。

なお、適切な適性と能力を備えたチーム編成において、一部の審査作業については単独又は複数の審査業務実施者の利用する専門家を含む、多様な専門性を有するチームによって実施することが可能です。

② 職業的専門家としての力量

上記のとおり、審査チームとして適性と能力を有するか否かで、審査業務を受けることができるかどうかを判断することになりますが、審査を実施する審査人個人において、職業的専門家としての懐疑心、判断、及び保証の技能と技法といった力量を備えていることが必要です。

ア） 職業的専門家としての懐疑心

審査人は、職業的専門家としての懐疑心を保持して業務を遂行する必要があります。職業的専門家としての懐疑心は、例えば、入手した他の証拠と矛盾する証拠、入手する証拠の信頼性に疑念が生ずる情報、審査手続の追加の必要性を示唆する状況、保証対象情報の誤りの可能性を示唆する状況などに関しては注意を払うことが求められます。

37. 業務実施者は、主題情報に著しい虚偽表示を生じさせる状況が存在する可能性のあることを認識して、職業的専門家としての懐疑心を保持して業務を計画し実施する。(A76～A80 項参照)

A76. 職業的専門家としての懐疑心は、例えば、以下に注意を払うことを含む姿勢である。

- 入手した他の証拠と矛盾する証拠
- 証拠として利用する予定の文書及び質問への回答の信頼性に疑念を投げ掛ける情報
- 関連する ISAE の要求する手続への追加の必要性を示唆する状況
- 虚偽表示の可能性を示唆する状況

（ISAE3000 過去財務情報の監査又はレビュー以外の保証業務　下線は筆者）

また職業的専門家としての懐疑心は、リスク低減の観点や証拠の批判的な評価のためにも必要であり、常に証拠が十分かつ適切であるか検討されるべきものです。

A77. 業務全般に亘る職業的専門家としての懐疑心の保持が必要となるのは、業務実施者が、例えば、以下のリスクを抑えねばならない場合である。

・通例でない状況の見落し

・観察結果から結論を導き出す際の過度な一般化

・手続の種類、実施時期及び範囲の決定及びその結果の評価における不適切な仮定の使用

A78. 職業的専門家としての懐疑心は、証拠の批判的な評価のために必要である。これには、矛盾のある証拠及び文書と質問への回答の信頼性に疑念を抱くことを含んでいる。また、入手した証拠の十分性と適切性に関する、状況を踏まえての考慮も含んでいる。

A79. 業務に文書が真正であるかどうかに関する保証が含まれる場合を除いて、業務実施者は、そうでないと考える理由を持たない限り、記録や文書を真正なものとして受け入れることができる。それでもなお、業務実施者は、証拠として利用する予定の情報の信頼性を考慮するよう 50 項によって要求されている。

A80. 業務実施者が、証拠提供者の公正性と誠実性に係る過去の経験を無視することは望めない。それでもなお、証拠提供者が公正であり、誠実性を有していると確信しているからといって、業務実施者が職業的専門家としての懐疑心を保持する必要性が軽減されるわけではない。

（ISAE3000 過去財務情報の監査又はレビュー以外の保証業務　下線は筆者）

イ） 職業的専門家としての判断

審査人の職業的専門家としての判断は、審査業務の適切な実施に不可欠なものです。関連する職業倫理に関する規定や関連する保証業務基準等を十分に理解して、審査業務過程を通じて要求される十分な情報に基づく判断を行う際に、関連する訓練、知識及び経験を事実と状況に適用することが必要となるためです。特に判断を要する事項としては、重要性及び審査業務リスク、証拠入手のための手続の種類・時期・範囲、入手した証拠の十分性及び適切性、入手した証拠に基づく結論の適切性などがあります。

38. 業務実施者は、手続の種類、実施時期及び範囲の決定を含む、保証業務の計画と実施において、職業的専門家としての判断を行使する。（A81～A85 項参照）

A81. 職業的専門家としての判断は、保証業務の適切な実施に不可欠なものである。これは、関連する職業倫理規定及び関連する ISAE の解釈、並びに業務の全過程を通じて要求される十分な情報に基づく意思決定は、関連する訓練、知識、及び経験を事実と状況に適用することなしには、実施できないためである。職業的専門家としての判断は、特に、以下の意思決定に関して必要である。

- 重要性及び業務リスク
- 関連する ISAE の要求事項を満たして、証拠を入手するために使用される手続の種類、実施時期及び範囲。
- 十分かつ適切な証拠が入手されたかどうか、及び本 ISAE 及び関連する特定の主題に係る ISAE の目的を達成するために、追加の入手が必要かどうかの評価。特に限定的保証業務の場合、有意な保証の水準が得られたかどうかを評価する際に職業的専門家としての判断が必要となる。
- 入手した証拠に基づいて導き出される適切な結論。

A82. 業務実施者に期待される職業的専門家としての判断の際立った特徴は、

> それを行使する業務実施者が、合理的な判断に達するために必要な能力を身につける上で、訓練、知識及び経験が助けになるということである。
>
> （ISAE3000過去財務情報の監査又はレビュー以外の保証業務　下線は筆者）

職業的専門家としての判断の行使に当たっては、審査人の知る事実と状況に基づき行われます。その判断については、測定・評価が適切かどうか、事実や状況を踏まえて適切かどうかなどに基づいて、評価することができます。

これらの審査人による職業的専門家としての判断は、審査業務の全過程を通じて行使されるべきものです。そして、その判断を理解できるように、事実と状況又は十分かつ適切な証拠に裏付けられたものであることを、文書により適切に調書化することが必要となっています。

> A83. 特定の場面での職業的専門家としての判断は、業務実施者の知る事実と状況に基づいて行使される。業務の実施中に行われる、業務チーム内及び業務チームと事務所内外の適切なレベルの他者との間で行われる、困難又は異論のある事項に関する専門的な見解の問合せは、業務実施者が、十分な情報に基づく合理的な判断を行うのに役立つ。そうした判断には、主題情報の特定の項目が適切な当事者の判断によって影響を受ける程度についての判断を含む。
>
> A84. 職業的専門家としての判断は、到達した判断が、保証と測定又は評価の原則の優れた適用を表しているかどうかと共に、業務実施者の保証報告書の日付までに業務実施者の知るところとなった事実及び状況を踏まえて、適切であり、それと整合しているかどうかに基づいて、評価することができる。
>
> A85. 職業的専門家としての判断は、業務の全過程を通じて行使されるべきであり、また、適切に調書化されることが必要である。これに関して、79項は、経験豊富な業務実施者が、以前に当該業務と関係がなくても、業

務の実施過程で生じている重要な事項に関する結論に到達する際に行われた重要な職業的専門家としての判断を理解できるように調書を作成するよう、業務実施者に要求している。職業的専門家としての判断は、業務に関する事実と状況又は十分かつ適切な証拠で裏付けられない限り、判断を正当化するために行使することはない。
(ISAE3000 過去財務情報の監査又はレビュー以外の保証業務　下線は筆者)

ウ）　職業的専門家としての技能

審査業務実施者は、累積的かつ反復的で系統だった審査業務のプロセスの一部として、審査業務に関する技能と技法とを適用しなければなりません。このような適用が可能な力量を備えておく必要があります。

39. 業務実施者は、反復する組織的な業務プロセスの一部として、保証の技能と技術を用いる。
(ISAE3000 過去財務情報の監査又はレビュー以外の保証業務　下線は筆者)

(4) 審査業務実施者の業務上のリスクの検討

審査業務実施者は、審査業務に関連して発生する訴訟、風評又はその他の事象から発生する損失などの審査機関が業務を受け入れ実施することによるリスクについて検討する必要があります。審査機関は、企業の業務環境を理解するとともに、当該審査業務の依頼内容を十分に吟味して、審査機関が業務上のリスクの有無を確かめることになります。審査機関に業務上のリスクが存在する場合には、当該業務を受け入れるかどうか慎重に判断することとなります。

2　契約手続

審査業務の一般的な契約手続は、以下のような流れで行われます。

図表2－2－5　契約手続の流れ

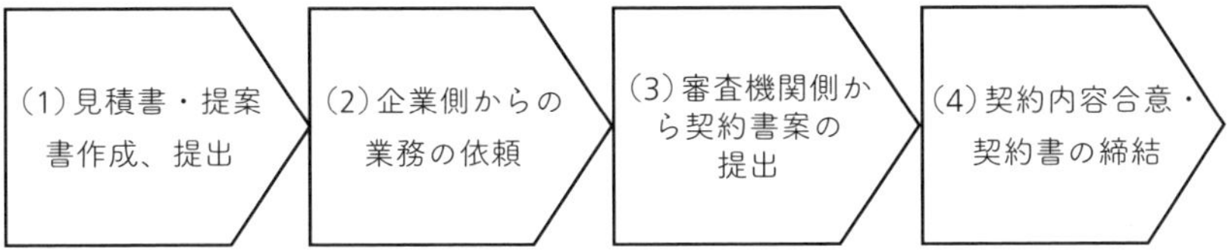

（出所：筆者作成）

審査機関は、契約前手続をすべて実施した後に審査依頼企業の依頼内容に対する見積書又は提案書を作成し、提出することが可能となります。

企業は、審査機関から提出された見積書又は提案書の内容を十分理解し検討したうえで審査機関に業務を依頼することになります。

審査機関は、審査業務契約書案を作成し、企業と契約締結に向けた調整を行い、合意に至ったのちに契約を締結します。

企業と審査機関との審査業務契約書の締結をもって、審査業務を開始することが可能となります。

(1) 見積書・提案書作成、提出

審査機関は、契約前の手続を実施し、審査依頼企業の業種、規模、保証対象情報等の範囲、複雑性、訪問対象事業所数、そして保証対象情報に係る内部統制の状況等を考慮に入れて、適切な工数を見積もります。また保証対象情報を掲載するサステナビリティ報告書等の発行時期、審査スケジュール、保証対象情報の作成基準、審査業務実施基準等を盛り込み見積書又は提案書を作成します。この見積書又は提案書の提出にあたっては、契約前の手続がすべて適切に実施されているかどうかも含め、独立性やその他の品質管理のチェックを受け、業務受嘱に関する承認を得る必要があります。

このように審査機関は、契約前手続をすべて終了した後に、審査依頼企業に対して見積書又は提案書を提出することが可能となります。この時に審査機関は、審査業務の内容及びその前提条件等の理解を促すために、その内容に関し

て説明を行うことになります。

(2) 企業側からの業務の依頼

企業は、審査業務の依頼にあたって、審査機関から提出された見積書又は提案書の内容を検討し、必要に応じてその内容を理解するために質問等を行い、記載内容の条件を十分に理解した上で、適切な審査機関へ審査業務を依頼するとこになります。

(3) 審査機関側から契約書案の提出

審査機関は、企業から審査業務の依頼に基づき、審査業務締結にむけて、審査業務特有の項目を盛り込んだ審査業務契約書案(合理的保証業務か又は限定的保証業務か否か、結論の表明内容、経営者確認書を入手する旨などを含む)

図表2−2−6　契約書の記載内容例

- ▶ 審査の目的及び合理的審査業務か限定的審査業務のいずれであるかの旨
- ▶ 審査の対象範囲(保証対象情報及びその媒体、対象組織範囲)
- ▶ 審査方法
- ▶ 契約期間及び保証報告書提出期限
- ▶ 審査機関を代表する審査業務責任者の氏名
- ▶ 審査報酬額
- ▶ 経費の負担
- ▶ 経営者確認書を入手する旨
- ▶ 経営者及び審査業務実施者の責任関係
- ▶ 保証対象情報の作成基準、審査基準(保証業務基準)
- ▶ 審査の限界に関する合意事項
- ▶ 審査業務実施者の独立性を保持する旨
- ▶ 守秘義務が課せられる旨
- ▶ 審査業務委嘱者の協力に関する合意事項
- ▶ 免責事項
- ▶ 損害の賠償条項
- ▶ 契約の解除・終了事項
- ▶ 審査業務実施者作成資料の所有権
- ▶ 裁判の所轄に関する事項

(出所:サステナビリティ情報審査協会「サステナビリティ情報審査実務指針」を基に筆者修正・加筆)

を作成し、企業側へ提出します（契約書の項目例については「図表２−２−６ 契約書の記載内容例」を参照）。

企業側は、審査機関側から受け取った審査業務契約書案を十分に検討することとなります。特に初年度の審査機関との契約締結にあたっては、審査業務特有の項目が含まれていることもあり、一般的に契約内容の合意に至るまでの調整に多くの時間を要することになりますので、余裕をもって業務依頼をして契約書の検討・調整期間をもうけることが望まれます。

(4) 契約内容合意・契約書の締結

審査を依頼する企業側と審査機関側において、審査業務契約内容の合意に至った場合に、契約の締結をもって、審査業務の開始が可能となります。

なお、審査業務契約書の契約条件において、審査業務実施者の作業範囲に制約を課しており、その制約により保証対象情報に対する結論の不表明とすることになる可能性があると判断される場合には、審査業務契約を締結できないことがあります。例えば、審査機関が必要と判断して実施する審査業務手続に関して、企業側で、保証対象情報にかかわる証拠の提出等を拒否できるなどの制約が課された内容の記載があるような場合には契約締結はできないことがあります。

また、審査業務契約書締結後の契約条項の変更において、審査機関は合理的な正当性が無い限り、業務契約条項の変更に同意することができません。例えば、合理的保証の結論を形成するための十分かつ適切な証拠の入手が不可能であると判明したことをもって、合理的保証業務から限定的保証業務への変更理由としては容認されません[21]。

また、当初の審査業務契約書において、保証対象情報となっていた項目について、審査業務の過程において十分な証拠の入手ができなかったり、あるいは適切な数値に修正が困難であったりした場合に、当該項目を除いて無限定の肯

(21)『国際保証業務基準3000号「過去財務情報の監査又はレビュー以外の保証業務」』（日本公認会計士協会訳）29、A59参照（https://jicpa.or.jp/specialized_field/isa_18.html）

定的結論を表明することは通常できません。言い換えると、審査契約書に記載した保証対象情報について、審査業務が完了した一部の対象情報のみに対して、審査機関に無限定の肯定的結論の保証報告書（審査報告書）を提出させるといったことはできないことを十分に理解しておくことが必要です。

3 審査計画の策定

(1) 審査計画策定の概要

審査業務実施者は、審査業務契約書に基づき、保証対象情報に対する自己の結論を形成するに足る基礎を得るために、適切な審査計画を策定する必要があります。結論を形成する根拠となる基礎を得るために、十分かつ適切な証拠を入手できるように審査計画を策定します。

審査業務実施者は、詳細な審査計画作成にあたって、審査の目的、保証対象

図表2−2−7　審査計画書記載事項の例

- ▶ 審査計画の策定にあたって考慮すべき事項
- ▶ 審査目的
- ▶ 審査対象
- ▶ 審査業務責任者及びチーム編成
- ▶ 審査業務実施者が保持すべき必要知識とチーム編成において選定すべきメンバーの専門能力
- ▶ 審査業務実施者の判断基準（保証対象情報の作成基準）
- ▶ 審査業務実施者の審査基準（保証業務基準）
- ▶ サステナビリティ情報に関する内部統制（情報プロセスを含む）についての理解
- ▶ 重要性
- ▶ 他の専門家の利用、内部監査業務の利用、ISO マネジメントシステムなど国際規格の活用
- ▶ 審査スケジュール
- ▶ 実施すべき審査手続きの概要、実施時期
- ▶ 往査サイト選定基準
- ▶ 重要な虚偽表示リスクの特定

（出所：サステナビリティ情報審査協会「サステナビリティ情報審査実務指針」を基に筆者修正・加筆）

情報とその対象組織範囲、企業の事業環境等を理解し、保証対象情報に係るデータ収集プロセス・システム、詳細な保証対象情報の算定方法、保証対象情報ごとの内部統制状況を確認します。これらの情報を基に、審査計画の策定について、業務リスクを考慮して、重要性を勘案して、業務の基本的な方針の設定、必要な実施手続の種類・時期・範囲を決定し、審査計画を策定することになります。

審査計画の策定は、業務開始時だけに行われるのでなく、業務の開始から終了までの期間全体を通じた継続する連続的かつ反復的に行われるプロセスです。審査業務実施者は、内部・外部環境で予期しない出来事が生じた場合や状況に変化があった場合、又は審査手続の実施結果が想定と異なった場合には、入手した証拠の結果によって、業務の基本的な方針や策定した審査計画について手続の種類、時期及び範囲を修正することが必要になる場合があります。

これらの計画の変更が必要となり、当該事象が企業側にも影響を及ぼす場合においては、審査機関は適時に企業側へ伝達し、スケジュール変更等も含めて協議することが必要となります。

(2) 企業の事業環境等の理解

審査業務実施者は、主題[22]及び企業の事業環境などを理解して審査業務の計画を立案する必要があります。

審査業務実施者は、具体的に審査の目的を踏まえ、主題及び保証対象情報の特性とその対象組織範囲、適用する作成基準（具体的な算定方法等）、内部統制の状況など企業における内部環境を理解するとともに、企業を取り巻く外部環境を理解する必要があります。特に保証対象情報等の関連データ収集から情報開示に至るまでのプロセスとその内部統制の整備状況と運用状況について質問等により理解します。また、企業側において、保証対象情報を作成するにあ

---

(22) 主題は、一定の信頼性を付与する対象となる状況をさします。例えば、サステナビリティ報告書等において、温室効果ガス排出量が保証対象情報（主題情報）である場合には、温室効果ガス排出状況などです。また財務諸表監査を例にあげれば、主題は財務諸表（主題情報）において表示されている財政状態・経営成績等です。なお、主題に責任を負う者は、主題情報の作成に責任を負う経営者です。

たって、外部の専門家を利用したかどうかを理解することも必要となります。

なお、企業の事業環境等の理解において、合理的保証業務を実施する場合においては、限定的保証業務を実施する場合と比較して、保証対象情報に係る重要な誤りのリスクを識別して評価するために、より詳細な理解を必要とします。

〔主題及びその他の業務状況の理解〕

主題及びその他の業務状況の理解

45. 業務実施者は、以下に関して、適切な当事者に質問を行う。

(a) 当該当事者が、主題情報に影響を及ぼす意図的な虚偽表示や法令等の不遵守に関する、事実、疑い又は申し立てについて認識していたかどうか(A101項参照)

(b) 主題に責任を負う者が内部監査機能を有しているがどうか、有している場合には、主題情報に関する内部監査機能の活動と主な発見事項を理解するため、追加質問を行う

(c) 主題に責任を負う者が主題情報の作成に際して専門家を利用したかどうか

A101. 主題情報が重要な虚偽表示となる可能性、及び業務の事実と状況への適用規準の適用についての、業務チームの業務責任者とその他の主要構成員、及び業務実施者の利用する主要な外部の専門家との間の協議は、業務の計画立案と実施を行う業務チームに役立つことがある。関連する事項について、協議に参加しない業務チームの構成員と業務実施者の利用する外部の専門家に伝達することも有益である。

A102. 主題及びその他の業務状況を理解することは、例えば以下の場合、業務全般に亘り職業的専門家としての判断を行使するために参考となる枠組みを業務実施者に提供する。

・主題の特徴の考慮

・規準の適合性の評価

・業務実施者の職業的専門家としての判断において、業務チームの活動を管

理する際に重要である要素の考慮。例えば、専門的技能又は専門家の業務の必要性、特別な考慮が必要になることがある場合を含む。

・定量的な重要性水準の適切性の継続的な立証と評価（適切な場合)、及び定性的な重要性の要素の考慮

・分析的手続を実施する際に利用する期待値の設定

・手続の立案と実施

・業務実施者の受領した口頭と書面による陳述の合理性を含む、証拠の評価

A103. 業務実施者は、通常、主題に責任を負う者よりも主題及びその他の業務状況に関する理解が浅い。業務実施者はまた、通常、合理的保証業務よりも限定的保証業務において、主題及びその他の業務状況に関する理解が浅い。例えば、ある限定的保証業務では、業務実施者は、主題情報の作成を対象とする内部統制を理解することがあるが、そうでない場合が多い。

A107. 合理的保証及び限定的保証の両業務で、企業のリスク評価プロセスの結果はまた、業務実施者が主題及びその他の業務状況を理解する際にも役立つことがある。

(ISAE3000 過去財務情報の監査又はレビュー以外の保証業務　下線は筆者)

〔主題及びその他の業務状況の理解：限定的保証〕

限定的保証

46L. 業務実施者は、以下のために、主題及びその他の業務の状況を十分に理解する。

(a) 業務実施者が、主題情報に係る重要な虚偽表示の生じる可能性が高い領域を識別できるようにする

(b) それにより、45L (a) 項で識別された領域に対応して、業務実施者の結論を裏付ける限定的保証を得るために、手続の立案と実施の基礎を提供する（A101～A104、A107 項参照）

47L. 46L 項の下での主題及びその他の業務状況を理解するに当たり、業務実施者は、主題情報の作成に利用されたプロセスを考慮する。(A106 項参照)

A104. 限定的保証業務では、主題情報の重要な虚偽表示が生じる可能性の高い領域を識別することで、業務実施者が手続の焦点を当該領域に合わせることができる。例えば、主題情報が持続可能性報告書である場合、業務実施者は、持続可能性報告書の一定の領域に焦点を合わせることがある。業務実施者は、主題情報が単一の領域で構成される場合、又は主題情報の全領域を対象にして保証を得ることが、有意ある保証を得るために必要である場合には、主題情報全体を対象とする手続を立案して実施することがある。

A106. 限定的保証業務では、主題情報の作成に使用されたプロセスの考慮は、業務実施者が主題情報の重要な虚偽表示が発生する可能性の高い領域に対する手続の立案と実施を行う上で役立つ。使用されるプロセスを考慮するに当たり、業務実施者は、当該プロセスのどの側面が業務に関連しているかを判断すると共に、当該側面について適切な当事者に質問を行うために、職業的専門家としての判断を行使する。

(ISAE3000 過去財務情報の監査又はレビュー以外の保証業務　下線は筆者)

〔主題及びその他の業務状況の理解：合理的保証〕

合理的保証

46R. 業務実施者は、以下のために、主題及びその他の業務の状況を十分に理解する。

(a) 業務実施者が、主題情報に係る重要な虚偽表示リスクを識別して評価できるようにする

(b) それにより、評価したリスクに対応して、業務実施者の結論を裏付ける合理的保証を得るために、手続の立案と実施の基礎を提供する（A101〜

A103、A107 項参照）

47R. 主題及び 46R 項の下でのその他の業務状況を理解するに当たり、業務実施者は、業務に関連する主題情報の作成を対象とする内部統制を考慮する。これには、業務に関連する内部統制のデザインを評価することと、主題情報に責任を負う者への質問に加えた手続の実施により、それらが業務に適用されたかどうかを判断することが含まれている。（A105 項参照）

A105. 合理的保証業務では、主題情報を対象とする内部統制の理解は、業務実施者が、虚偽表示の種類、及び主題情報上の重要な虚偽表示リスクに影響を及ぼす要因を識別するのに役立つ。業務実施者は、関連する内部統制の整備状況を評価して、主題に責任を負う者への質問に追加した手続の実施により、それらが業務に適用されているかどうかを判断することが必要である。業務の状況においてどの内部統制が関連するかを判断するのには職業的専門家としての判断が必要である。

（ISAE3000 過去財務情報の監査又はレビュー以外の保証業務　下線は筆者）

(3) リスク・アプローチ

審査業務の実施に当たっては業務リスクを合理的保証業務又は限定的保証業務に求められる水準に抑えるため、業務リスクに基づいて、証拠を収集する手続の選択、実施の時期及び範囲を決定することになります。

業務リスクとは、審査業務実施者が保証対象情報の中に重要な誤りがある場合に審査業務実施者が誤った結論を表明するリスクをいい、固有のリスク、統制リスク及び発見リスクから構成されます。

「業務リスク」
―主題情報に重要な虚偽表示がある場合に、業務実施者が不適切な結論を表明

するリスク
（ISAE3000 過去財務情報の監査又はレビュー以外の保証業務　12 定義　(f)）

図表 2−2−8　業務リスク・モデル

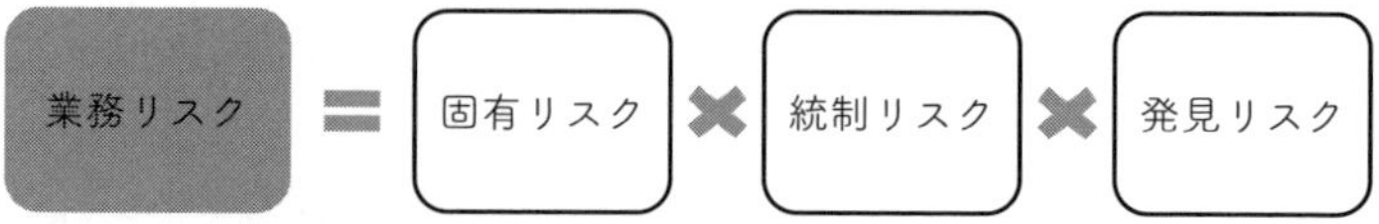

（出所：筆者作成）

図表 2−2−9　業務リスク構成要素の定義

固有リスク	関連する内部統制を考慮しないとの仮定の上で、サステナビリティ報告書等に重要な虚偽の表示がなされるリスクをいい、サステナビリティ報告書等の審査の対象項目が本来有するリスク
統制リスク	サステナビリティ報告書等の保証対象情報に関して、重要な虚偽の表示が、企業の内部統制によってもまだ防止又は適時に発見されないリスク
発見リスク	企業の内部統制によっても防止又は発見されなかったサステナビリティ報告書等の重要な虚偽の表示が、審査手続を実施してもなお発見されないリスク

（出所：サステナビリティ情報審査協会「サステナビリティ情報審査実務指針」より筆者作成）

保証対象情報に応じて、業務リスクに求められる低い水準にまで抑える必要があるため、通常固有リスク又は統制リスクが高い場合には、通常よりも多くの審査業務手続を実施することにより業務リスクを抑えることになります。例えば、審査証拠を収集する手続を詳細に行ったり、範囲を広げたりするなどが必要となります。また審査業務過程において、統制リスクが高いと判断されるような場合には、業務リスクを抑えるために審査計画を見直し追加的な手続きの実施が必要となる場合があります。

なお、業務リスクの３つの構成要素について、必ずしもすべての保証対象情報に対して存在したり重要であったりすることはありません。

(4) 重要性の勘案

審査業務実施者は、審査計画の策定にあたり、定量的な重要性と定性的な重要性を勘案して、計画の策定を行います。定量的な重要性については、保証対象情報の重要な誤りを看過しないようにするために、許容可能な重要性の基準値を決定します。また定性的な重要性の質的要因も考慮に入れます。これらをもとに達成すべき業務リスクの水準も勘案しながら、特定の項目や算出方法について実施すべき審査手続、その実施の時期及び範囲を決定し、計画を策定することになります。

審査機関は、業務リスクの程度に応じて、十分なだけ保証対象情報に係る内容及びその他の業務状況を理解しなければなりません。この重要性については、審査計画の策定、証拠を収集する手続、個々の誤りの状況、結論の形成に関わる審査業務実施者の判断において考慮するものとなります。

(5) 往査事業所の選定

審査業務を実施する往査先について、通常、本社のほかいくつかの主要な事業所を訪問し審査手続を実施することになります。

往査事業所の選定にあたっては、企業側と審査機関側との協議により決定されますが、審査機関がリスク・アプローチに基づく選定基準を定め、選定基準に基づき合理的な往査事業所を選定することになります。例えば、事業所選定の考え方として、保証対象情報の大きな割合を占める規模の大きな事業所や、ある程度規模の大きな事業所のうち内部統制が脆弱な事業所、あるいは管理監督部門が異なり内部統制の状況が異なる複数の事業所などを選定し、ローテーションなどによって、往査先を決めるといったことが考えられます。

(6) 審査業務手続に関する計画

企業の事業環境等を理解して、保証対象情報について、リスク・アプローチにより重要な誤り(23)が生じるリスク領域を識別し、それに対応して必要な手続きを立案します。

審査業務手続について、合理的保証業務では、保証対象情報に係る重要な誤りのリスクを識別して評価できるようにします。そして評価したリスクに対応して、審査業務実施者の結論について合理的保証を裏付けるに足る証拠を入手するための詳細な手続の実施が必要となります。

一方限定的保証業務では、限定的保証を裏付けるに足る証拠を入手するための手続の実施が必要であり、通常合理的保証業務ほどに詳細な手続を実施することにはなりません。

審査業務手続は、審査業務実施者がその手続きを適用する状況に応じて、次のような手法を用いて審査手続を単独にまたは組み合わせて審査計画の立案を行うことになります。

審査手続例

実査	質問	証憑突合	再実施
観察	閲覧	帳簿突合	分析的手続
確認	査閲	再計算	—

ア）　実査

実査は、審査人自身が、現物を実際に確かめる審査手続です。

イ）　観察

観察は、被審査事業体の現場等に審査人が赴いて、業務処理の適否や信頼性、保証対象情報に関連する情報のインプット、アウトプットデータの実在性等を確かめる審査手続です。

ウ）　確認

確認は、保証対象情報について、企業の取引先等の外部者に対して、審査人が直接文書により問い合わせを行い、その回答を入手する審査手続です。

(23) ここでいう「重要な誤り」は、保証の結論の形成に影響を及ぼすほどの誤りのことです。

エ）　質問

質問は、保証対象情報について、審査人が被審査事業体の経営者または従業員等に問い合わせて、説明または回答を求める審査手続です。

オ）　閲覧

閲覧は、審査人が、保証対象情報に係る、規程類、外部との記録、内部監査記録、他の審査業務実施者による保証報告書（審査報告書）等を通読して、概観的に、企業の内部統制の状況を理解し吟味する審査手続です。

カ）　査閲

査閲は、審査人が保証対象情報に関連する測定データ、関連パフォーマンス指標等について比較や分析によってその正確性や網羅性を概括的に確かめる審査手続です。

キ）　証憑突合

証憑突合は、審査人が保証対象情報に関連する測定データや算出数値とそれを裏付ける証憑書類の照合によって、証憑書類に示された数値を確かめる審査手続です。

ク）　帳簿突合

帳簿突合は、審査人が保証外相情報に関連する情報の測定・集計に関して集計段階での帳簿間の照合によって、正確な記録及び集計が行われていることを確かめる審査手続です。

ケ）　再計算

再計算は、保証対象情報に関連する情報の測定記録、算出計算記録、集計明細表、証憑書類等の計算の正確性を、審査人自らが計算し確かめる審査手続です。

コ）　再実施

再実施は、被審査事業体が実施している手続等を審査人が自ら実施することによって、手続等が内部統制上正しく運用されていることを確かめる審査手続です。

サ）　分析的手続

分析的手続は、審査人が保証対象情報間の相互関係またはその情報以外の関連データとの相互関係を利用して推定値を算出し、推定値と関連する保証対象情報とを比較分析する審査手続です。

第3節

審査業務手続の実施

審査業務手続の実施過程には、個別の保証対象情報に係る審査手続を実施する事業所での調査と本社での調査とがあります。そして個別の保証対象情報に係る審査業務手続終了後に、サステナビリティ報告書等の開示内容についてチェック等を行う審査手続を実施します。

図表2−3−1　審査業務手続実施の概要

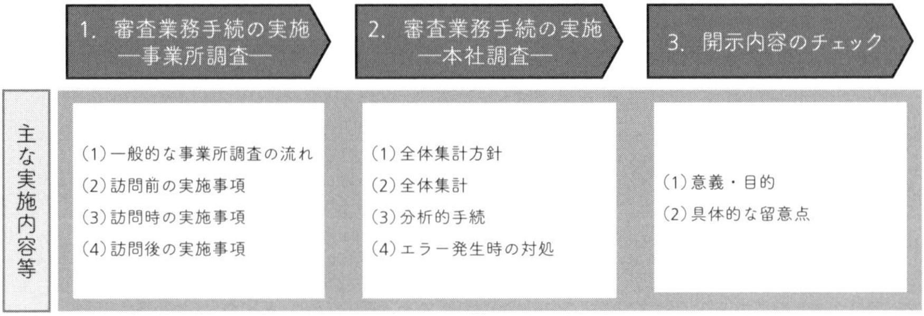

(出所：筆者作成)

1　審査業務手続の実施—事業所調査

審査業務手続の実施段階における事業所調査については、審査計画に基づき、企業側と合意した選定事業所について、訪問し調査を行います。

事業所調査では、企業側で定められた保証対象情報に係る内部統制を含めたデータ収集・算定・報告等のルールが適切に整備され、運用されているかどうか、保証対象情報のデータ収集の根拠となる原始証憑や関連文書を閲覧するとともに担当責任者等への質問などを行います。

(1) 一般的な事業所調査の流れ

事業所調査の流れは、まず訪問前に審査機関側から訪問事業所に係る準備資料の依頼を行います。企業側はその依頼に基づき訪問事業所に係る事前資料を準備し送付します。審査機関側は訪問前に入手した資料について検討を行います。

訪問時には、あらかじめ定められたスケジュールに基づき、オープニング会議（事業所での審査趣旨説明、事業所概要の確認等）、現地視察、データ確認（データ収集プロセス内部統制、根拠資料や関連文書の閲覧）、クロージング会議（当日の発見事項等の講評）などを行います。

審査機関は、訪問後において、訪問時未了事項等があればそのフォローを行います。そして事業所におけるデータ等の検証を完了させます。

図表2－3－2　審査業務手続の実施―事業所調査の流れ

	訪問前	訪問時	訪問後
審査機関側	実施内容スケジュール等伝達 準備資料依頼（訪問前、訪問時） 事前入手資料の検討	審査趣旨説明、現地視察、データ収集プロセス、エビデンスや関連文書の閲覧、質問などを実施、当日の講評	訪問時未了事項のフォロー（追加質問等）、完了確認
企業側	訪問前の資料送付 訪問時の資料準備	事業所概要説明、現地視察案内、審査対応	訪問時未了事項への回答

（出所：筆者作成）

(2) 訪問前の実施事項

①　審査機関側

審査人は、訪問時に実施する内容及びスケジュールなどを伝達します。また訪問前に事前送付してもらう資料と訪問時に準備してもらう資料等について、企業に準備をしてもらう必要のある資料のリストを作成し資料の依頼を行います。

企業側で準備が必要な資料の例としては以下のようなものがあります。

◇訪問前に事前送付する資料の例

- 事業所概要のわかる資料（パンフレット等）
- 保証対象情報のデータ収集・算定・報告等のルール
- サイトマップ（保証対象情報に係るメータ、設備・機器等データ元などを記載）
- 全社事業所別の集計表（保証対象情報に係る本社での集計表）
- 事業所の保証対象情報の月次集計表等の2か年以上のデータ

◇訪問時に準備しておく資料の例

- 根拠となる証憑等
  （請求書、検針記録、測定記録などの根拠資料）
- 保証対象情報に関連する文書
  （原始データから報告データまでのプロセスのわかる資料、保証対象情報にかかわる管理文書など）

②　企業側

企業側は、実施内容、当日スケジュールなどの情報を入手して対応する責任者及び担当者のスケジュール調整を行います。また審査機関側からの依頼資料を確認し準備します。必要に応じて依頼内容について質問を行い、訪問前に事前送付する資料を送付します。

③　審査機関側

審査人は、訪問前に事前に受け取った資料について、資料の査閲、データの分析、サンプリング等の検討を実施します。また「全社事業所別の集計表」の調査対象事業所データと事業所から入手する「月次集計表等」のデータとの一致を事前に確認しておきます。

事前送付資料の検討を踏まえ、訪問当日の質問事項、追加依頼が必要な資料等の事項をとりまとめるなど準備を行います。

必要に応じて追加依頼が必要となった資料や当日準備してもらう事項などについて、事前に連絡を行います。

④　企業側

審査機関側から依頼のあった訪問時に必要な資料について、説明等しやすいように資料の準備を行います。

(3) 訪問時の実施事項

事業所調査当日は、一般的に以下のような流れで実施します。

①　オープニング会議

オープニング会議では、審査側、企業側の出席者の役割や担当等を含めてお互いの挨拶を行います。審査側は、ESG 審査や事業所調査の趣旨・目的などについて説明を行い、企業側は、事業所の概要、保証対象情報にかかわる全体の概況等の説明を行います。

②　現地視察

審査人は、現地視察ルートについてサイトマップ（保証対象情報に係るメータ、設備・機器等データ元などを記載）をもとに確認して、保証対象情報関連の視察ポイントについて視察ルートに含まれているかどうかを確認し、視察ルートに含まれていない場合は、ルートに加えてもらうように依頼します。

現地視察時に審査人は、企業側の担当者より現地の説明を受け、必要に応じて質問し、現場のデータ元となるメータや帳票などの状況等を理解します。

③　保証対象情報に関するデータ等の確認

審査人は、保証対象情報の原始データから報告データまでのデータ収集プロセス及び内部統制等について、企業側で作成している文書に基づきルール通りに実施されているかを確かめます。その時関連文書の閲覧や作成担当者への質問等を行い、現場視察で見たことから、データ収集の網羅性や、収集方法の適切性などを検討します。またデータについてサンプリングで根拠資料となる原始帳票（請求書、検針記録など）と突合を行い正しく集計されているかを確かめます。

④　発見事項等の取りまとめ

審査人は、保証対象情報にかかわる内部統制上の問題やデータの誤りなど発見された事項について、その内容を整理してとりまとめます。

取りまとめる過程において、不明点など追加確認が必要なことが出ればそのフォローを行います。

また当日確認ができずに後日フォローが必要な未了事項に関しても取りまと

図表2−3−3　当日スケジュール（一日で実施する例）

時間	分	内容
9：00−9：50	50	①　オープニング会議 審査側：ESG審査と事業所調査の趣旨説明 企業側：事業所の概要等説明
9：50−10：00	10	休憩
10：00−11：00	60	②　現地視察 審査側：現地視察前のルートの確認。現地視察時に適宜質問 企業側：現地視察の案内及び説明
11：00−11：10	10	休憩
11：10−12：00	50	③　保証対象情報に関するデータ等の確認 審査側：データ収集プロセス、内部統制等に関してヒアリング、サンプリングで根拠資料の確認、関連文書の閲覧、質問等を実施 企業側：データ収集プロセス等の説明、根拠資料・関連文書などの提示、審査側からの質問に対する回答
12：00−13：00	60	昼食
13：00−15：30	90	続き（③）
15：30−16：30	60	④　発見事項等の取りまとめ 審査側：発見事項等の取りまとめ。必要に応じて追加確認フォロー 企業側：必要に応じて追加確認に対する対応
16：30−17：00	30	⑤　クロージング会議 審査側：発見事項等の講評、未了事項の確認 企業側：講評内容等に関する質疑

（出所：筆者作成）

めます。

⑤　クロージング会議

審査人は、当日の発見事項等や後日フォローが必要な未了事項について説明を行います。

企業側は、審査側からの説明に対して事実誤認や不明な点等について確認を行います。

未了事項に関しては、企業側にいつまでにフォローを実施する必要があるかを、この後の審査スケジュールに合わせて期限を設定し調整することが必要です。

（4）訪問後の実施事項

①　企業側

訪問当日のクロージング会議で審査側から説明のあった未了事項について、期限までに対応を行い、その回答を行います。

必要に応じて、審査側からの追加質問等があれば対応・回答することが必要となります。

②　審査側

企業側から訪問時の未了事項に対する回答を確認し、そのフォローを行い、もし回答に不明な点や追加で確認すべき事項があれば、必要に応じて追加質問などを行い、企業側にその対応を依頼します。審査人は事業所における実施すべき審査手続をすべて終了する必要があります。

2　保証業務手続の実施（本社調査）

前節では、事業所、工場や子会社といったサイト単位での保証業務手続（審査手続）を説明しました。以下ではそうしたサイトでの手続を前提に、本社で行われる集計プロセスと保証業務手続を解説します。

企業側からみて本社の役割とは何でしょうか。（1）まずは全体集計方針の作成です。保証対象（情報、組織）や算定方法を決めて、各事業所や子会社に具体的な算定内容（算定基準と算定プロセス）を指示することです。(2) 続いて全体集計です。全体集計方針に基づいて、各サイトから報告された結果を企業グループ全体の値として集計します。企業は全体集計の網羅性と正確性を担保するために、各サイト段階とは別に本社においても内部統制を働かせています。(3) 全体集計の結果に対して、保証業務実施者（審査人）は個別の保証業務手続を実施します。本節では特に分析的手続を紹介します。(4) 企業側の内部統制が有効に機能していても、保証業務手続の結果、エラーが発見されることがあります。こうしたエラーの発生に際して必要な対処を行い、最終的に企業グループ全体の報告数値を固めていきます。

図表2−3−4　本社の役割と保証業務手続の概観

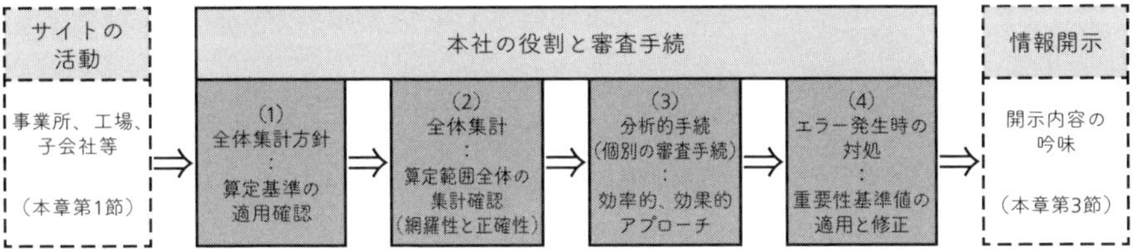

（出所：筆者作成）

(1) 全体集計方針

全体方針とは、企業グループ全体に適用される方針です。契約締結前に概ね確認をしますが、より詳細な内容を業務開始当初にヒアリングします。①集計対象と②集計方法についてルールを定めた文書類を入手して本社の担当者に質問し確認します。

① 集計対象

ESG情報審査（保証業務）の対象とする情報（主題情報）の詳細及び対象とする組織境界（企業グループの範囲）、バウンダリを明らかにします。

主題情報は契約締結前にすでに合意しているはずですが、実際に情報開示される詳細な情報を念頭において、再確認し具体化します。例えば、温室効果ガス排出量を主題情報とすることは契約時に決まっていたとして、対象情報となるスコープ1のエネルギー源にはどんな燃料があるのかを、油類やガス類などの種類と具体的な利用形態（気体、液体、固体の三態や用途、購入・保管方法）を確かめます。その他にもPRTR法[(24)]に基づく化学物質量を主題情報とするならば、原材料の調達や生産プロセスを考慮して具体的な化学物質を特定します。

またシンプルな主題情報としては、総量を保証業務の対象情報とします。総量の情報としては、エネルギー消費量、従業員数、化学物質の排出量・移動量などの合計量があり、さらに企業によっては想定利用者の理解を促すために原単位情報や内訳情報を開示する場合があります。これらも保証業務の対象情報とするのかどうかを明確にしなければなりません。あまり差異がないように見えるかもしれませんが、理論的には大きな違いがあります。

仮にエネルギー消費量の総量を主題情報としている企業が、原単位情報として1人あたりエネルギー消費量も主題情報にするとします。この場合、総量として主題情報になっているエネルギー消費量のみならず、原単位の算定に必要な人数（構成員数）も保証業務手続の対象にしなければなりません。そうすると人数の定義について、正規従業員なのか、パートやアルバイト労働者を含むのか、役員は含むのか、出向者や被出向者をどのように取り扱うかなどを確かめなければなりません。

同じように、PRTR法に基づく第一種指定化学物質の排出量・移動量の総量を保証業務の対象情報としている企業が、内訳情報として各事業所の化学物質の排出量・移動量も主題情報にしたいと希望したとします。PRTR法の届出義務は企業単位ではなく事業所単位ですし、企業単位の排出量・移動量は各事業所の値を合算するものですから、保証業務手続が同じに見えるかもしれません。しかしながら保証業務手続においては全データを精査しているわけではなく質的な重要性や量的な重要性を勘案しながら、適切な方法によってサンプリングされたデータを試査によって確かめています。保証業務の対象情報が細分化され

(24) PRTR法は「特定化学物質の環境への排出量の把握等及び管理の改善の促進に関する法律」の略称。

ると試査の対象となるデータが何倍にも増えてしまうことになります。そうすると対象事業所に応じた、化学物質の取扱方法、管理方法を確かめると同時に、具体的なデータも追加的に入手して異常がないかどうかを吟味しなければなりません。このように総量情報以外の原単位情報や内訳情報を対象とすることは、技術的には可能ですが、企業にとっては時間と費用がより多く発生することとなります。

図表2−3−5　原単位情報や内訳情報をESG情報審査（保証業務）の対象とする意味

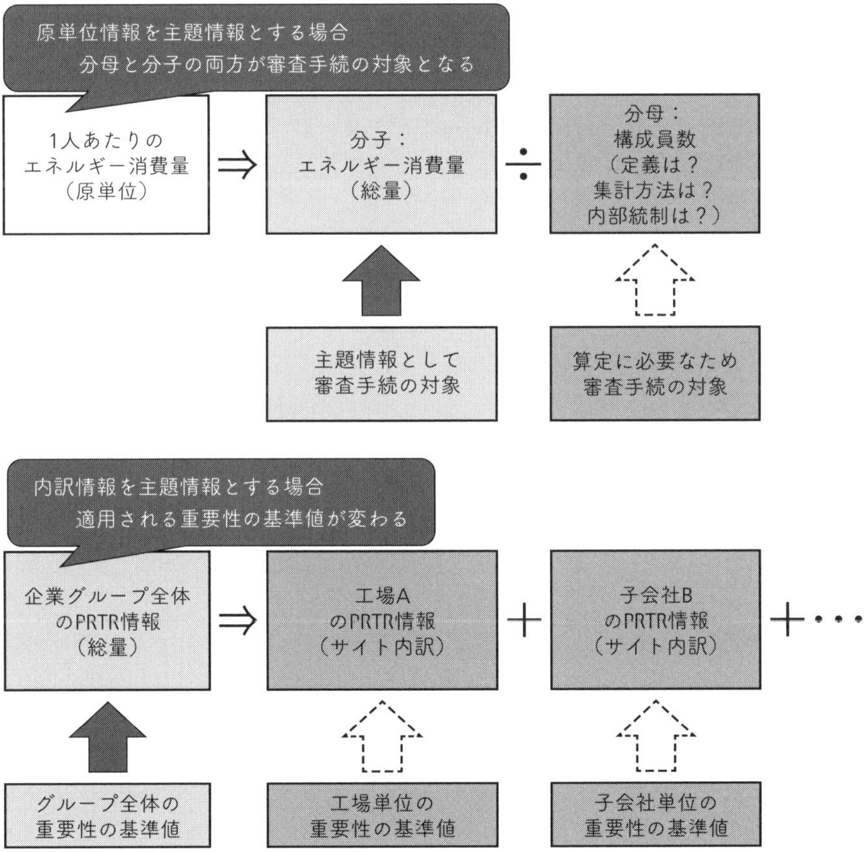

（出所：筆者作成）

なお、重要性に関連して、質的にも量的にも明らかに重要性がない部分を集計対象外とするかどうかについては、全体集計方針において決定されます。例えば、通常の事業活動では灯油を使用しない企業において北海道支社の守衛室で冬季のみ灯油ストーブを利用していることが判明したとしましょう。もちろん原則的にはこれも集計すべきですが、全体に与える影響が軽微であることが明らかであれば、このストーブ利用に伴う灯油をエネルギー消費量や温室効果ガス排出量の集計から除外することは許容されると考えられます。こうした簡略化については、全体集計方針において何を集計対象外とできるのかをルール化しておくべきです。仮に保証業務手続が進行していく中で、一部の軽微なデータを集計できないからといって事後的にその部分を保証業務の対象外としようといった考え方は適切ではありません。また何らかの簡略化を含む方針そのものの適切性については、想定利用者の意思決定に与える影響を慎重に比較考量しながら保証業務実施者が職業的専門家としての判断を下さなければなりません。

② 集計方法

集計方法では、本社は具体的な集計手続を詳細に定め、保証業務実施者は、いつ、誰（どの部署）が、何を、どのように実施するのかということを確かめます。こうした集計業務の流れはフローチャートにまとめると視覚化できてわかりやすくなります。

まず本社では①の全体集計方針を作成していますので、本社から各事業所や子会社への指示内容と実際の集計状況を確認します。

こうした流れを詳細に確認する目的は、集計業務プロセスにおける内部統制のルールを正確に理解し、その整備状況を確かめることです。さらに個々の主題情報の算定結果ドラフトに対してサンプリングによって関連する台帳を閲覧したり、証憑（エビデンス）を確認したりする手続によって、これらの内部統制の適切な運用状況を確かめていきます。

図表2－3－6　本社における主な確認項目

●いつ（when）及び誰／どの部署（who、where）：
- ✓ 本社の主管部署はどこか、責任者・担当者は誰か、責任者・担当者は十分な経験があり、必要な知識を有しているか
- ✓ 本社から各サイト（各事業所、工場、子会社等）への指示時期はいつか
- ✓ 各サイトの主管部署は明確か、責任者・担当者は誰か、必要十分な知見があるか
- ✓ 各サイトでのデータ入力時期、本社への報告時期はいつか
- ✓ 本社での全体集計結果のとりまとめ時期はいつか
- ✓ 全体集計結果の責任を有する役員は誰か
- ✓ 全体集計結果が承認される時期はいつか、承認機関（社長、サステナビリティ委員会など）はどこか

●何を（what）／どのように（how）：
- ✓ 本社から指示内容は何か（運営ルール、係数などの詳細取扱いの留意事項など）
- ✓ 算定のための様式は何か（エクセル等、特定のITシステムの利用など）
- ✓ ITシステムを利用している場合、その機能の概要は何か、修正・加工などコントロール方法（所管部署、アクセス権限など）はどうなっているか
- ✓ 各サイトにおける入力データの分析時期はいつか、
- ✓ 証拠書類（原始証憑）の保管場所、保管期間はどうなっているか
- ✓ 本社における入力データの分析方法はどうなっているか、各サイトへの追加調査指示の内容と方法はどうなっているか
- ✓ 一旦入力されたデータの修正方法（期限、修正権限者など）はどうなっているか

（出所：筆者作成）

（2）全体集計

本社で行われる全体集計についてのESG情報審査上のポイントをさらに具体的に見てみましょう。まずは例外的な措置あるいは部分的な基準の存在です。全体集計方針を本社でヒアリングする場合は共通的に適用される方針、すなわち算定基準が適切に定められてルール化されているのかどうかの整備状況を確認することが基本です。ただし共通ルールだけでなく事業の性質や地域の特性などに応じて使い分けている方針あるいは例外的な算定基準があるかどうかについても確認します。例えば、産業廃棄物の排出量を集計するに当たって、国内であればマニフェスト（産業廃棄物管理票）の記載にしたがって数量を把握します。マニフェストは廃棄物処理法[25]によって定められた仕組みですから、

海外の事業所や子会社には適用されません。したがって、別の集計手段が必要となります。このように地域によって算定基準が異なるケースなどを保証業務手続開始当初の本社打合せにおいて洗い出す必要があります。

次に当期に算定基準の変更がある場合、本社からは早い段階で各事業所や子会社に連絡が行われるべきです。そうした変更連絡の際には具体的な算定の方法のポイント集を発行したり、内容が複雑な場合にはオンライン説明会を開催したりすることも考えられます。ポイント集や説明会においては、とりわけエラーの多い内容を図表で解説したり、過年度におけるエラー事例を共有したりすることによって全体のレベルアップにつなげていくことができます。例えば、購入電力からの温室効果ガス排出量算定における換算係数を適切に選択していないケースや気体のガス類を標準状態に換算していないケースなどがよくみられる間違いです。

また、算定エラーや報告漏れの起きやすい事業所や子会社がないかどうかも、このタイミングで確認します。例えば、人事異動によって長年の担当者が交代した子会社、あるいは毎年のように報告遅延が生じている事業所などがないかなどです。こうした懸念が事前に判明している場合には、不慣れな子会社の担当者に対して本社から算定手順をサポートしたり、算定結果に対してフォローアップの連絡を入れたりすることが考えられます。常習的に報告遅延が発生する事業所に対して、本社の責任者から事業所の責任者へスケジュール管理の大切さについての再確認を依頼する業務連絡を発出するなどの対策が考えられます。

以上のように全体集計では、前提となる全体集計方針、算定基準の詳細な把握が非常に大切です。後述のように保証業務実施者は分析的手続を実施しますが、本社の担当者も内部統制の一環として前期のデータや関連データとの増減分析を実施すべきです。大きな増減がみられる場合、それが特定の事業所や子会社であろうと、特定の月などの期間あるいは特定の主題情報であろうと、そ

(25) 廃棄物処理法は「廃棄物の処理及び清掃に関する法律」の略称。マニフェストは第12条の3に規定されている。

図表2−3−7　全体集計で見落とされやすいポイント

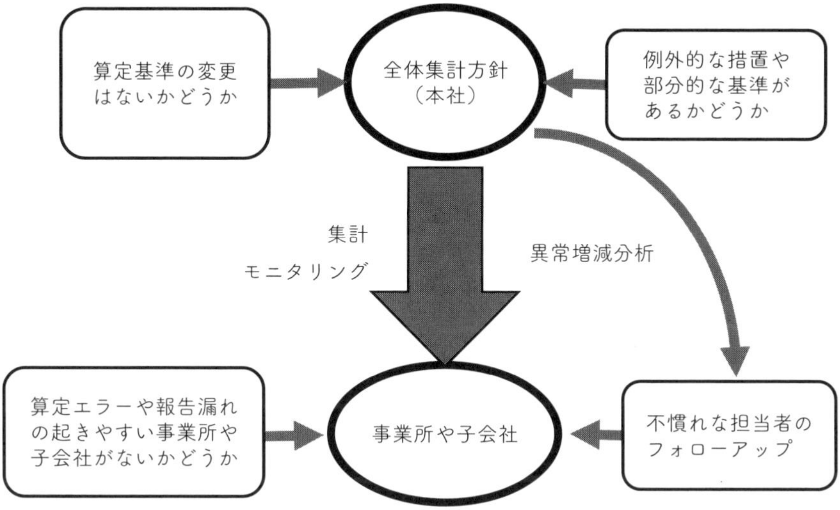

（出所：筆者作成）

こには何らかエラーが潜んでいるリスク（可能性）が高いからです。したがって一定の基準値を超える増減が生じている場合には、必ず本社担当者が事業所や子会社の担当者に問い合わせて、その原因を明らかにするという内部管理手続を組込むことが必要です。一見すると余計な手間のように見えるかもしれませんが、本来、経営者は適切に主題情報を作成する責任、そのための内部統制を構築、運用する責任があります。また内部管理手続をルール化することは、結果的に手戻りや追加的な調査手続を減少させるため最も効率的な方法となりえます。

（3）分析的手続

ESG情報は多岐に亘っており、その多種多様な情報に対して効率的、効果的に保証業務手続を実施することが求められます。特に日本でも世界でも主流である限定的保証業務においては、分析的手続と質問が中心的な手続です。ここでは保証業務手続を効率的、効果的に行うために有効である分析的手続のポイントを説明します。

そもそも分析的手続とはどのような手続でしょうか。国際保証業務基準や日本の財務諸表監査では次のように説明されています。

> 事業体及び事業体環境を理解し、重要な虚偽表示リスクを識別して評価するために実施される分析的手続は、業務実施者が気付いていなかった事業体の状況を識別し、評価したリスクへの対応手続の立案と実施に関する基礎を得るための重要な虚偽表示リスクを評価する際に役立つことがある。
>
> (ISAE3410 温室効果ガス報告に対する保証業務　適用指針 A63)

> 3. 財務データ相互間又は財務データと非財務データとの間に存在すると推定される関係を分析・検討することによって、財務情報を評価することをいう。分析的手続には、他の関連情報と矛盾する、又は監査人の推定値と大きく乖離する変動や関係の必要な調査も含まれる。
>
> (監査基準委員会報告書 520　分析的手続 I．3 定義)

ISAE3410 には期待される効果や利用される場面が例示されています。監査基準委員会報告書 520 号では会計監査を念頭に置いています。そこで ESG 情報審査を扱う本節では以下のように定義(26)します。

> 分析的手続とは、ESG 情報のデータ間の関係及びデータの趨勢、さらに相関性が高いデータとの関連性を検討し、それらを比較することによって行われる主題情報の合理性のテストである。分析には、複数期間における変動分析・比率分析の他、相関性の高いデータとの整合性分析、推定値との比較分析などがある。

(26) Vincent M. O'Reilly, Patrick J. McDonnell, Barry N. Winograd, James S. Gerson, Henry R. Jaenicke 共著による "Montgomery's AUDITING" (Twelfth Edition) の中央監査法人訳「モントゴメリーの監査論」(第 2 版)(中央経済社) 第 2 部「理論及び概念」第 6 章「監査のプロセス」viii 分析的手続をベースとする。

図表2−3−8　期間比較の例

前期と当期の発生量を比較し、一定の基準値を超える増減がある場合に追加調査する

産業廃棄物発生量

サイト	A. 前期（千t）	B. 当期（千t）	増減率（B−A)/B	アラーム率（±5 %）	追加調査コメント	追加手続概要（調書番号）
C事業所	2	1	−100 %	要調査	社員食堂閉鎖による減少。	総務課渡辺氏に質問（B−1−2）
D工場	32	31	−3 %	クリア	—	—
：						
E子会社	55	64	14 %	要調査	7月より生産ライン研磨工程が稼働開始したことによる影響	電子マニュフェストで月推移及び発生量を確認（B−2−4）
：						
合計	128	130	2 %			

（出所：筆者作成）

分析的手続の目的はまず異常値の発見です。異常な増減や突出した値が発見された場合にはさらに詳細な調査が行われることになります。ESG情報審査の対象となる情報（主題情報のデータの一部）に対して、様々な比較検討が行われます。前年同期値や前月値と期間比較したり、特定に事業部門や地域間の構成比率を比較します。

また活動量（従業員数や売上高、生産高など）との相関性が高いと判断されると構成要素と組み合わせて関係性を検討することもよく行われます。特に温室効果ガス排出量については保証業務実施者によって推定計算された期待値と集計値とを比較される方法が行われます。

（4）エラー発生時の対処

分析的手続では実績値のみを単純に比較する場合（図表2−3−8）において

図表２−３−９　活動量による推計値を用いた期間比較の例

前期と当期の活動量（生産高）の変化から当期の推計値を算定して比較し、一定の基準値を超える差異がある場合に追加調査する

温室効果ガス排出量（エネルギー起源）

サイト	P. 前期 実績 千t-CO_2	Q. 前期 生産高 万ロット	S. 当期 生産高 万ロット	T. 当期 推計値 P×S/Q 千t-CO_2	U. 当期 実績 千t-CO_2	差異率 (U−T)/T	アラーム 率 (±10％)	追加調査 コメント	追加手続 概要 (調書番号)
X工場	10	120	119	10	10	1 ％	クリア	—	—
：									
Y 子会社	17	190	203	18	19	5 ％	クリア	—	—
Z 子会社	43	598	640	46	41	−11 ％	要調査	自家発電の燃料をＡ重油からＬＮＧに転換したことによる影響	燃料購入台帳、稟議書（写し）を入手し、生産管理課高橋氏よりヒアリング（C−7−2）
：									
合計	128	130	130	128	128	2 ％			

（出所：筆者作成）

も、相関関係にある活動量から割り出した推計値と比較する場合（図表２−３−９）においても、ESG 情報審査の計画段階において設定している一定の値（重要性の基準値）を超える異常値（増減や差異）が生じることがあります。これらの異常値があったとしてもきちんとした理由があって生じているのであれば、全体として適切に集計されていることになります。そうでない場合には何らかの重大な算定エラーが発生している可能性（リスク）があります。そこで保証業務実施者は分析的手続において異常値を発見した際には追加的な保証業務手続を実施して、異常値の原因を突き止めなければなりません。

追加手続を実施する場合、その時期、範囲、手続の種類を決めることは保証業務実施者の職業的専門家としての判断によっています。通常は、異常値を発見したタイミングで主として質問によりその異常値の理由を確認します。質問への回答として異常値の理由が合理的で納得性が高ければ、そこで追加手続が終了することもありますが、多くの場合は説明の根拠となる証拠資料を入手します。こうした追加手続の結果、エラーであることが判明した場合、保証業務実施者は必要な修正を求めます。

> 業務実施者は、業務の過程で集計したすべての虚偽表示について、事業体内の適切な階層に適時に報告し、これらの虚偽表示を修正するよう事業体に求めなければならない。
>
> (ISAE3410 温室効果ガス報告に対する保証業務　パラグラフ 53)

さらにそのエラーの内容が、例えば算定基準の誤解によるものであれば、他のサイト（事業所、子会社等）の算定結果にも同様のエラーが生じている恐れがあります。こうした場合、保証業務実施者はエラーの内容をよく吟味の上、改めて本社の担当者に対して、すべてのサイトに対して、算定基準の誤解によるエラーがないかどうかを確かめてもらうこともあります。

> 保証業務は反復的なプロセスであり、業務実施者が、手続を立案した際に基礎とした情報と著しく異なる情報を発見することがある。業務実施者が計画した手続を実施し、入手した証拠に基づいて、業務実施者が追加手続を実施することがある。当該手続として、測定評価者に業務実施者の識別した事項を調査し、必要に応じて、主題情報に修正を行うよう依頼することがある。
>
> (ISAE3000 過去財務情報の監査又はレビュー以外の保証業務　適用指針 A112)

追加手続が終了すると、その結果を調書に記録して、最終的な ESG 情報審査の結論へとつなげていきます。

図表2－3－10　重要性の基準値、分析手続によるエラー発見、追加手続の関係

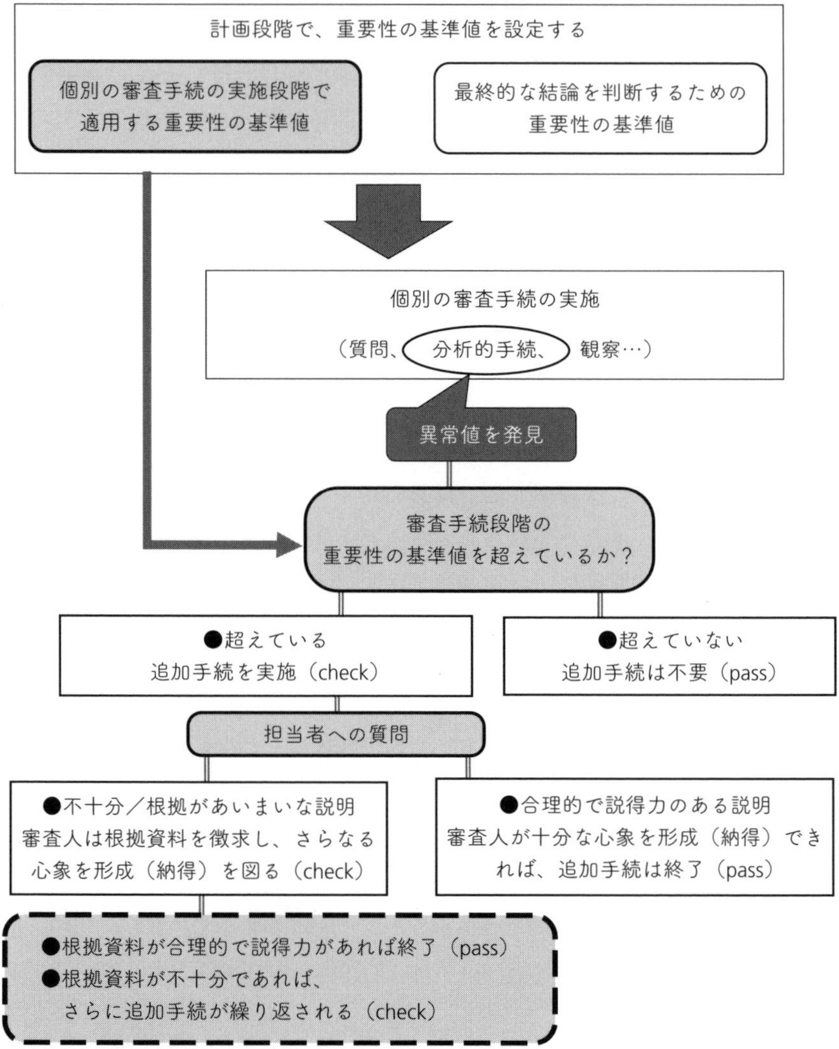

（出所：筆者作成）

3　開示内容のチェック

(1) 意義・目的

データに関する全体集計結果に対する保証業務手続が終了すると、開示内容をチェックします。各サイト（事業所、工場、子会社等）での算定や本社での企業グループ全体の集計がいかに正しく漏れなく行われたとしても、ESG情報審査の対象となっている情報（主題情報）が公表される開示媒体に適切に反映されていなければ意味がありません。単純なエラーであっても転記ミスや単位の記載ミスをすれば、それは虚偽表示になります。情報開示媒体がウェブサイト形式であっても統合報告書の体裁であっても、あるいはその他のいかなる報告媒体を駆使したものでも構いませんが、最終原稿を入念に確かめる必要があります。

また企業がESG情報を開示することは、日本ではいまだに自主的な取組みであって法令等で開示様式が定められているわけではありません。そのため全体集計結果の前提条件や補足説明を丁寧に行い、機関投資家などの想定利用者に理解されやすい工夫が必要です。こうした説明の乏しい情報開示では、開示された主題情報自体に明確な誤り（虚偽記載）を含んでいなくても、いわゆるESG格付評価において好成績を収めることは難しくなるでしょうし、結局は機関投資家等にも十分に理解されないことになってしまいます。

(2) 具体的な留意点

①　基準の開示

主題情報は数値情報であることが一般的ですが、まずはその前提となる算定基準や算定範囲が適切に記述されていることを確かめます。これらの記述情報（算定基準、算定範囲）は数値情報と一体となって開示されることで、初めて主題情報が想定利用者にとって意味があることとなります。

算定基準や算定範囲（対象とする組織の範囲）に変更がある場合は、変更の

図表2－3－11　情報開示（最終原稿）における主な確認項目

✓ ESG情報審査の対象となる情報（主題情報）は明確に示されているか
✓ すべての主題情報に項目の漏れがないか
✓ すべての主題情報の値は、全体集計結果の値と一致しているか、記載単位は正しいか
✓ 算定基準が正しく記載されているか
新たに追加された主題情報の算定基準が含まれているか
例外的な算定基準がある場合、その内容、適用範囲が記載されているか
✓ 算定基準の変更があった場合、変更の旨、変更の理由、変更による影響が記載されているか
✓ 算定範囲（対象とする組織の範囲）が正しく記載されているか
新たに追加された組織が含まれているか
主題情報によって算定範囲が異なる場合、各主題情報の算定範囲が記載されているか
✓ 算定範囲の変更があった場合、変更の旨、変更の理由、変更による影響が記載されているか

（出所：筆者作成）

旨、変更の理由、変更による影響を注記します。特に新たな主題情報が追加された場合にはどのような算定基準が適用されているのか、また合併や買収によって対象組織とする企業グループの範囲が追加された場合にはどこまでの算定対象となっているのか、これが明確に記載されていることを確かめます。

②　調書との整合性

続いて主題情報の網羅性と正確性を確認します。網羅性については、算定範囲と一致していれば基本的に問題ありません。ただし、主題情報によって算定範囲が異なる場合には算定範囲に明示されているか、その主題情報に注記する必要があります。正確性については、すべての主題情報の数値を調書の最終値と突合します。記載されている単位エラーがないかどうかも確認します。例外的あるいは部分的な算定基準を適用している場合には算定基準に明示されているか、その主題情報に注記されていることを確かめます。

③　スケジュール管理

開示内容のチェックはESG情報審査の最終版に行われますので、最終原稿の修正が適切に行われるように公表時期に合わせてスケジュール管理します。そ

図表2－3－12　算定基準や算定範囲を注記で補足説明する例

主題情報	前期	当期
取水量*1、3	1,998 t	1,975 t
：		
排水量*2、3	1,212 t	1,099 t－CO_2
：		
障がい者雇用率*4	2.7 %	2.5 %
：		

（算定基準）

・・・

＊1）取水量は、工業用水と河川水を集計しています。一部の工場で利用している雨水については集計対象に含めていません。

算定基準の内容を補足説明する例

＊2）排水量のうち河川水については全量をそのまま河川に還元していますので、取水量を排水量と同値とみなして集計しています。なお、工業用水の大部分は乾燥工程において水蒸気として大気中に放出されています。

算定基準の例外適用を説明する例

（算定範囲）

・・・

＊3）取水量、排水量は、工場及び製造子会社分のみを集計しております。

工　　場：休止中の○○工場を除く、すべての工場

製造子会社：△△社、◇◇社、□□社を含む、製造子会社の計35社。

（なお、製造子会社の説明は「集計範囲一覧表」をご参照ください。）

＊4）障がい者雇用率は、前期まで弊社（発行会社）単体分のみを集計して公表しておりましたが、当期より国内子会社を算定範囲に追加しました。弊社単体のみの値は2.7 %であり、前期同様となっています。

算定範囲の変更について、その旨、影響を説明する例（ここでは、算定範囲を拡大する理由が自明のため省略されている）

（出所：筆者作成）

んなことは当然だと思われるかもしれません。現実には、最終原稿をせっかく丁寧にチェックしても制作会社を急がせ過ぎたために誤植が見逃されていたり、追加された注記事項を無理やりに同一頁に表現しようとして読めないほどの小さな文字でレイアウトされていたりという事例が見受けられます。そのため業務実施者が、開示媒体の最終原稿に対して、主題情報が適切に反映されていることを確認します。

第4節
結論の形成と表明の方法

1 適切な証拠と審査報告

審査機関は入手した証拠を規準に照らして吟味、評価し、審査の結論をまとめます。そして適用した作成規準や審査実施基準及び結論の裏付けとなる十分かつ適切な証拠を入手することができたかどうか並びに上記の結論を、審査報告書により表明します。

審査機関は、ESG 情報を肯定するか否定するかに関わらず、入手したすべての関連する証拠を考慮します。

2 審査報告の形式

審査報告は書面によります。

口頭やその他の手段等の書面によらない方法により結論を報告する場合には誤解を生ずることがあります。このため審査機関は、口頭やシンボルを使用するとしても必ず容易に利用可能な書面による審査報告書によって報告を行うとし、口頭による報告やシンボルの使用そのものをもって報告することは行いません。

3 結論の報告

合理的保証業務（審査業務）の審査報告書においては、審査機関は、審査の対象となるESG情報について保証業務リスクを合理的保証業務に求められる水準に抑えるための手続きを実施したことを記したうえで、積極的形式によって

図表２－４－１　保証業務リスクの程度による報告形式

	合理的保証	限定的保証
リスクの程度	合理的に低い水準	許容可能な水準 （合理的保証より高い）
報告形式	積極的形式	消極的形式
（例）	「～は正確であり、かつ、網羅していると認める」	「～は正確でない、または、網羅していないと認められる事項は発見されなかった」

（出所：サステナビリティ情報審査協会　審査員研修資料）

結論を報告します。その場合、すべての重要な点において、作成等の規準に照らして適正性や有効性等が認められるかどうかを報告します。

限定的保証業務（審査業務）の審査報告書においては、審査機関は、審査の対象となるESG情報について保証業務リスクを限定的保証業務に求められる水準に抑えるための手続きを実施したことを記したうえで、消極的形式によって結論を報告します。その場合、すべての重要な点において、作成等の規準に照らして適正性や有効性等がないと考えられるような事項が発見されなかったかどうかを報告します。

4　結論の報告に係る除外等

審査機関は、以下のような状況が存在する場合で、審査機関がその項目が重要かあるいは重要かもしれないと判断した場合には、肯定的結論を表明しません。

審査の実施範囲の制約に関しては、その影響の重要性により、除外事項を付した限定的結論を述べるか、結論を表明しません。

結論に関する除外事項がある場合、その除外事項がESG情報に与える影響の重要性により、除外事項を付した限定的結論を述べるか、否定的結論を述べます。

図表２−４−２　審査の実施範囲制約に関わる結論の形成フロー

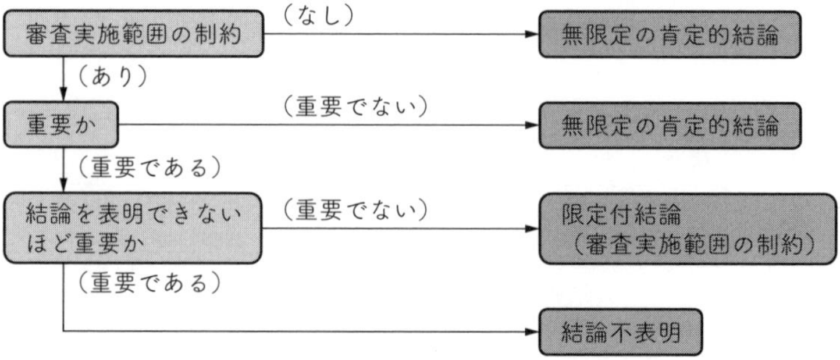

（出所：サステナビリティ情報審査協会　審査員研修資料）

図表２−４−３　結論に関する除外事項に関わる結論の形成フロー

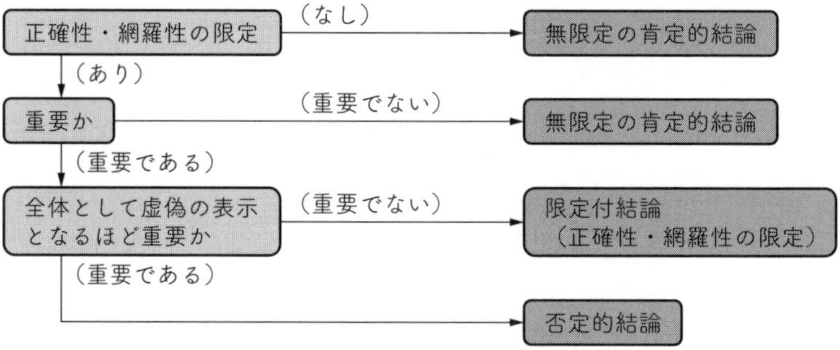

（出所：サステナビリティ情報審査協会　審査員研修資料）

5　審査報告書の記載事項

審査報告書には、通常次の事項を記載します。

図表 2－4－4　審査報告書記載事項

(1) 表題

報告書が独立した立場からの審査報告書であることを明確に示す表題とします。

(2) 日付

審査報告書の日付は、審査機関の責任に関わるため、審査機関が自らの責任において審査が終了したときの日付とします。

(3) あて先

あて先は、最高経営責任者（代表取締役、取締役会等）とします。

(4) 審査機関名

利用者に対して業務に関する責任の所在を明らかにするために記載します。

(5) 事業体の責任の記述

ESG 情報の作成責任は企業等の経営者にあることを記載します。

(6) 審査機関の責任に関する記述

審査機関の責任は独立の立場から ESG 情報に対する結論を表明することであることを記載します。

(7) 適用される規準

審査機関が ESG 情報の信頼性を判断するための判断基準として用いた ESG 情報の作成基準を記載します。

(8) 審査機関が実施した手続きに関する記述

審査業務が、サステナビリティ情報審査実務指針などの業務実施基準に準拠して実施されたこと及び審査機関の手続きの概要を記載します。

(9) EGS 情報が、すべての重要な点において、適用される規準に準拠して作成されているかどうかについての審査機関の結論

合理的保証業務の場合は積極的形式により、限定的保証業務の場合は消極的形式により表明されます。なお、審査機関が無限定以外の結論を表明した場合、その結果に至ったすべての理由を明瞭に記載します。

(10) 審査機関代表者の署名

(11) 審査機関が業務を行う管轄区域の所在

(12) 規準に照らして ESG 情報を測定又は評価する場合の重要な固有の限界

適切な場合には、温室効果ガス（GHG）算定が固有の不確実性の影響下にあることの記載等、適用される規準に照らした ESG の各側面の測定又は評価に付随するすべての固有の限界を記載します。

なお、GHG 報告の場合は必要に応じて以下を記載します。

(13) 対象期間を含む GHG 報告の特定、及び、審査機関の結論の対象とならない情報がある場合は、除外された情報だけでなく、審査の対象となる情報の明確な識別、並びに、審査機関が除外した情報に関して何らの手続きも実施しなかったこと、したがってそれに関して結論を表明しないことの記載

(14) GHG 報告が審査機関の結論の対象でない排出量控除を含んでいる場合は、その排出量控除の識別、及びそれらに関する審査機関の責任の記載

(出所：サステナビリティ情報審査実務指針をもとに筆者作成)

6　結論の報告の例

以下に、わが国において最も事例の多い、限定的保証による審査報告書の例を示します。

わが国においてはほとんどが限定的保証による審査報告書となっていますが、これにはわが国ではESG情報を独立の第三者が保証することが、一部のGHG排出量報告制度を除いては確立しておらず、保証水準にばらつきが生じかねない状況にあり、リスクを低レベルに抑える合理的保証業務はなじみにくい環境にあった点、合理的保証業務ではより証拠力の高い審査証拠を収集する必要がありそのために審査報酬が比較的高くなる点などが考えられます。

また、限定的保証業務では合理的保証業務に比べ限定された手続を実施するため、審査報告書では結論の文言のほかに、実施した手続きを具体的に説明することになります。

図表2－4－5　審査報告書（例）

審査報告書（例）

20XX年XX月XX日

ABC株式会社
代表取締役社長　○○　○○　殿

株式会社　○○
東京都○○区○○　○丁目○番○号
代表取締役社長　○○　○○

株式会社○○（以下「当社」という。）は、ABC株式会社（以下「会社」という。）の20XX年XX月XX日をもって終了する事業年度の「サステナビリティレポート20XX」（以下「報告書」という。）に記載されている20XX年度の重要なESG情報（以下「ESG情報」という。）*＜保証の範囲が分かるように記載する＞*について、限定的保証業務を実施した。

会社の責任

会社は、会社が採用した算定及び報告の基準（XX参照*＜基準の参照が分かるように記載する＞*）に準拠してESG情報を作成する責任を負っている。

＜必要に応じて固有の不確実性について記載する。以下に参考例を示す。

XX に記載のとおり、温室効果ガスの算定は、様々なガスの排出量を結合するため必要な排出係数と数値データの決定に利用される科学的知識が不完全なため、固有の不確実性の影響下にある＞

当社の独立性と品質管理

当社は、誠実性、客観性、職業的専門家としての能力と正当な注意、守秘義務、及び職業的専門家としての行動に関する基本原則に基づき、倫理規程（2009 年 12 月　一般社団法人サステナビリティ情報審査協会）が定める独立性及びその他の要件を遵守した。また、当社は、倫理要件、職業的専門家としての基準及び適用される法令及び規則の要件の遵守に関する文書化した方針と手続を含む、包括的な品質管理システムを維持している。

当社の責任

当社の責任は、当社が実施した手続及び当社が入手した証拠に基づいて、報告書に記載されている ESG 情報に対する限定的保証の結論を表明することにある。当社は、サステナビリティ情報審査実務指針（2014 年 12 月　一般社団法人サステナビリティ情報審査協会）に準拠して、限定的保証業務を行った。

当社が実施した手続は、職業的専門家としての判断に基づいており、質問、プロセスの観察、文書の閲覧、分析的手続、算定方法と報告方針の適切性及び報告書の基礎となる記録との一致又は調整等、以下を含んでいる。

＜必要に応じて手続について記載する。以下に参考例を示す。

- *会社の見積りを開発する方法が、適切であり、一貫して適用されていたかどうかを評価した。*
- *データの網羅性、データ収集方法、原始データ及び現場に適用される仮定を評価するため、現地調査〔○ヶ所〕を実施した。＞*

このため、限定的保証業務で実施する手続は、合理的保証業務に対する手続と比べて、その種類が異なり、その実施範囲は狭い。その結果、当社が実施した限定的保証業務で得た保証水準は、合理的保証業務を実施したとすれば得られたであろう保証水準ほどに高くはない。

限定的保証の結論

当社が実施した手続及び当社が入手した証拠に基づいて、会社の ESG 情報が、会社が採用した算定及び報告の基準に準拠して作成されていないと信じさせる事項はすべての重要な点において認められなかった。

利害関係

会社と当社の間には、サステナビリティ情報審査実務指針の規定により記載すべき利害関係はない。

以　上

（出所：「サステナビリティ情報審査実務指針」の「独立した第三者保証報告書文例」をもとに筆者作成）

7 後発事象

後発事象とは、ESG情報の基準日後に発生した企業のESG各側面に関わる対応の状況に影響を及ぼす事象をいい、このうち、審査対象となる後発事象は、審査報告書日までに発生した後発事象のことをいいます。

後発事象には、発生した事象の実質的な原因がESG情報の基準日現在において既に存在しているため、ESG情報の修正を行う必要がある事象（修正後発事象）と発生した事象が翌事業年度以降のESG情報に影響を及ぼすため、ESG情報にその旨の記載を行う必要がある事象（開示後発事象）とがあります。

審査機関は、修正後発事象または開示後発事象を認識した場合は、ESG情報の作成者にそれぞれESG情報への修正または開示を依頼します。

修正後発事象がESG情報において修正されない場合で、その修正後発事象がESG情報に重要な影響を及ぼすと認められるときは、審査機関は、審査報告書に審査の結論に対する除外事項として上記4に従って記載します。

ESG情報に記載すべき重要な開示後発事象について適切な注記がなされていない場合には、審査報告書において、審査の結論に関わる除外事項として上記4に従って記載します。

8 報告段階における品質管理

(1) 報告段階における品質管理の必要性

本節では適切な証拠を入手し、結論表明の手段として保証報告書（審査報告書）を用いること、結論の形式、種類、除外事項等の概要を説明してきました。審査人（保証業務実施者）の責任と役割は、「主題情報に関する結論を独立の立場から表明すること」（ISAE3000 A168）です。すなわち保証業務プロセスのすべての結果は保証報告書に集約されて審査人の責任において想定利用者（読み手）に提示されます。審査人が、最終的に対外的に自信を持って結論を表明できるようになるために、保証報告書を発行する直前の報告段階においてかなり厳格な内部審査が必要とされます。ここでは、報告段階における品質管理の手続について説明します。

図表2－4－6　保証業務の役割と責任

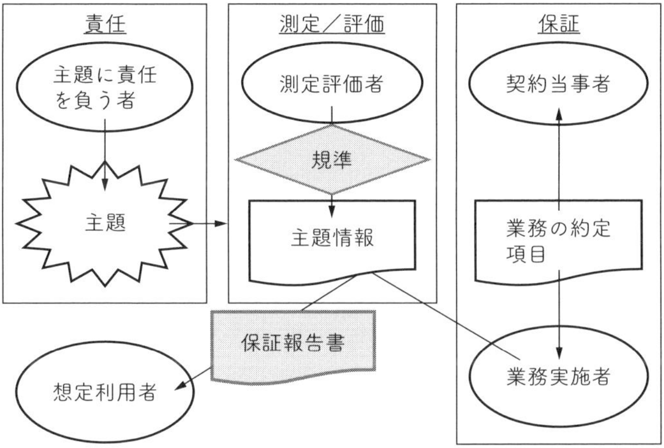

（出所：ISAE3000過去財務情報の監査又はレビュー以外の保証業務　付録「役割と責任」）

（2）報告段階における品質管理の概要

審査人が適切な保証報告書を発行しない場合、法定の保証業務であれば法律違反の恐れがあり、任意の保証業務であれば契約不履行責任が生じる恐れがあります。そのため審査人によって多少の精粗の違いはあるものの、保証報告書を発行する前に概ね以下のような項目が内部的に厳格に審査されます。

①　保証報告書の内容

当然ながら保証報告書の内容が契約書で合意した業務の目的及び範囲と整合しているかどうかを再確認します。

目的について、財務諸表監査のように法定されている場合には「金融商品取引法第193条2第1項の規定に基づく監査証明を行うため…」[27]と法的根拠を明示します。日本のESG情報審査（保証業務）は法制化されておらず企業との任意の契約を根拠としますので、「ABC株式会社からの委嘱に基づき…」のように記載されることが一般的です。いずれにせよ、業務目的が明示されている必要があります。

対象範囲には2通りの意味があります。一つはESG情報審査の対象とする情報（主題情報）の範囲でありスコープと呼ばれることもあります。もう一つは対象とする組織の範囲、つまり企業グループの範囲でありバウンダリと呼ばれます。範囲は、契約の前提条件として合意されて契約書に規定されているはずです。保証業務手続（審査手続）の実施途中で何かの主題情報を追加したり、子会社の範囲を広げたりすることはできません。逆に契約の前提条件を満たしていないからといって、保証業務手続の実施途中で何かの主題情報を対象から外すことも基本的にできません。

> 業務実施者は、保証業務の前提条件が満たされない場合、契約当事者と当該事項を協議する。業務実施者は、前提条件を満たすための変更ができなかった場合、法令等が要求しない限り、当該業務を保証業務として受嘱してはならない。
> (ISAE3000 過去財務情報の監査又はレビュー以外の保証業務　パラグラフ25)

> 業務実施者は、合理的な正当性がない限り、業務の契約条項の変更に同意してはならない。そのような変更が行われた場合、業務実施者は、変更前に入手した証拠を無視してはならない。
> (ISAE3000 過去財務情報の監査又はレビュー以外の保証業務　パラグラフ29)

国際基準においても国内の実務慣行においても安易な変更は認められませんので、契約の前提条件を満たしていることは適切な保証業務を実施する上でとても大切です。初めてESG情報審査を受ける企業や新たに主題情報を追加する企業では、必要な前提条件を満たしているかどうかを十分に確認すべきです。

---

(27) 監査・保証実務委員会報告第75号「監査報告書作成に関する実務指針」（日本公認会計士協会）Ⅲ金融商品取引法監査における監査報告書より引用

同業他社に遅れをとってはいけないなどの理由から、体制が整わないまま見切り発車をしてしまうと否定的な結論の保証報告書につながる懸念があります。

② 主題の評価又は測定に用いられる規準

企業にとって主題情報を評価し測定する算定基準は、審査人にとっての判断基準となります。比較する尺度である standard（基準）と区別して、判断する尺度である criteria（規準）と呼ばれます。保証報告書には規準を記載することになっています。財務諸表の会計基準はすべて公表されていて誰でも容易にアクセスできますので、その内容を逐一記載することなく、「一般に公正妥当と認められる企業会計の基準に準拠して」という一節にまとめられて表現されます。しかしながら ESG 情報の算定基準であるところの規準はいまだ情報開示が法制化されているわけではなく、国際的に複数の開示基準が存在しています。適用されている規準の内容を正確に伝えようとすると、かなり詳細な記述が必要となります。そのため保証報告書にすべてを記載するのではなく、規準の詳細が掲載されている箇所（見出しや URL アドレスなど）を記載しているケースが多く見受けられます。

③ 未了事項

保証業務手続がすべて終了していなければ保証報告書を発行することはできません。保証業務手続を終了するということは、単に計画されていた手続を実施した状態を意味するのではありません。審査人は必要と判断した場合に、追加的な手続を実施しなければならないからです。すでに分析的手続で異常値が発生した場合の対応例を説明しましたが（64 頁、本章第 3 節 2 を参照）、下記の引用のように審査人は大きな問題ではないので肯定的な結論を出せると判断できる（a のケース）か、または大きな問題なので否定的な結論を出さざるを得ないと判断する（b のケース）かのいずれかの決着がつくまで追加手続を実施し続けます。

> 業務実施者は、主題情報に重要な虚偽表示が含まれている可能性を示唆する事項に気付いた場合、<u>以下が可能になるまで、追加証拠を入手するため、追加手</u>

続を立案して実施する。

(a) 主題情報に重要な虚偽表示が含まれている可能性は高くないと結論を出す

(b) 主題情報に重要な虚偽表示が含まれていると判断する

(ISAE3000過去財務情報の監査又はレビュー以外の保証業務　パラグラフ49L)

bのケースでは審査人は企業に対して修正することを強く迫りますので、企業が虚偽表示をそのまま放置しておくことは考えられません。一方でaのケースにおいても個別のエラーによる虚偽表示が発生していますので、審査人はbと同様に企業に修正を促します。しかしながらサイト（事業所や子会社）のデータの一部が消失してしまっているため正しい値を集計できなかったり、決裁者の海外出張が重なってしまい改めて修正承認を得る時間が残されていなかったりなど、実務では様々な事情に出くわすことがあります。そうした場合には未修正のエラーが残置されるため、審査人はそれらの影響を一つ一つ積み上げていき、全体としての影響度を吟味しなければなりません。

業務実施者は、業務の実施過程で識別した、明らかに僅少であるもの以外の未修正の虚偽表示を集計する。

(ISAE3000過去財務情報の監査又はレビュー以外の保証業務　パラグラフ51)

未修正の虚偽表示は、業務実施者の結論を形成するにあたり、個別に又は集計して、重要であるかどうかを評価するために、業務の実施過程で集計される。

(ISAE3000過去財務情報の監査又はレビュー以外の保証業務　適用指針A118)

このために審査人は保証報告書を発行する前にすべての未修正の事項とその影響を集計し未修正の差異要約表を作成します。

もはや追加手続の必要がないと判断され、必要な修正が行われるか、未修正のエラーを集計しても全体としての影響が重要でないと結論付けられる段階に至って、ようやく手続が終了します。手続の結果として得られたすべての証拠

図表２−４−７　未修正差異要約表の例

調書番号	主題情報	修正前の値	虚偽表示の内容	修正後の値	重要性の判断 結論あるいは 想定利用者の判断 への影響
修正済の虚偽表示：					
A−1−3	取水量 （地下水） （河川水）	地下水 58m^3 河川水 310m^3	A 工場： 井戸からの採水はなく、河川水からの取水区分を誤って計上したもの	地下水 （なし） 河川水 368m^3	差異は量的に僅少ではない。 虚偽表示はすべて修正されたため、全体としての影響は僅少である。
D−2−4	女性管理職割合	29.5％ （目標値未満）	フィリピン子会社： 管理職対象職階の漏れにより、68名が集計漏れ	30.8％ （目標値クリア）	差異は量的に僅少であった。一方で、目標値の達成状況の判断に影響を及ぼしており質的な重要性があった。 すべて修正されたため、結論への影響は僅少である。
未修正の虚偽表示：					
（未修正事項はなし）					（該当なし）

（出所：筆者作成）

について個別事項との関係が入念に吟味された後で、総合意見（最終的な結論）を導き出せるようになります。

④　想定利用者とのコミュニケーション

保証報告書は想定利用者にとってわかりやすいものであること（理解容易性）が期待されます。そのためには詳細に説明を連ねていく方法（長文式）も考えられますが、実務上は紙幅の制約などから決められた記載事項をコンパクトにまとめる方法（短文式）が主流です。本書ではことわりの無い限り短文式を前提にしています。短文式の保証報告書にはほぼ固定化された用語とフレーズが多用されているため保証業務基準に不慣れな一般のビジネスマンにとっては読みにくい印象を与えるかもしれません。しかしながら濃縮された表現は一種の記号であって、そこには誤解の余地のない明確な意味が込められています。

さて、そのように自由記載欄の少ない短文式の保証報告書においても審査人が想定利用者に注意喚起するというコミュニケーション機能があります。

> 主題に責任を負う者、測定評価者、契約当事者、又はその他の者とコミュニケーションを行うことが適切となることのある事項は、不正又はその疑い、及び主題情報の作成における偏向を含んでいる。
> (ISAE3000 過去財務情報の監査又はレビュー以外の保証業務　適用指針 A192)

ここで「主題情報の作成における偏向」とは、過度な編集によって読み手の印象を操作するようなケースが当てはまります。図表2−4−8に示した極端な例では、わずか数パーセントの削減効果が縦軸のメモリの一部を削除することによって針小棒大に誇張されています。実績値は正しいので粉飾ではありませんが、劇的に改善されているかのように意図的にグラフが作図されており、読み手を誤解させてしまう恐れがあります。近年では、誠実に表現する方が適切に評価されるという理解が企業側でも進んできたため、このようなケースはほとんどみられなくなりましたが、審査人が注意喚起すべきケースにあたると考えられます。この他に記述情報に対しても企業による算定基準や必要な注記が

図表2−4−8　縦軸メモリの一部を削除して印象操作されているグラフの例

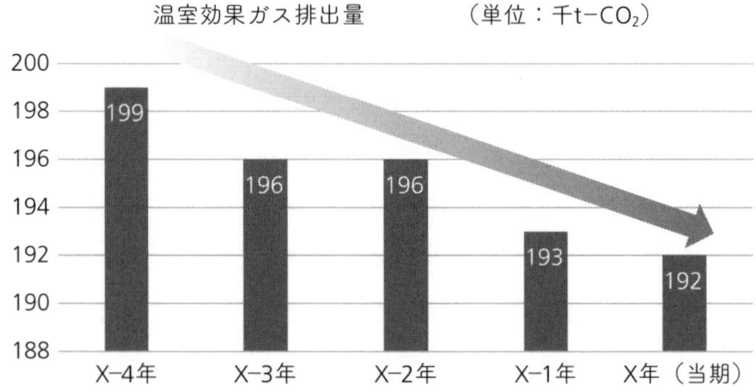

（出所：筆者作成）

不十分な場合には、審査人が注意喚起することがあり得ます。

⑤　内部審査に関するその他項目

審査人の組織における厳格な内部審査では様々な事柄が吟味されます。まずは内部審査を実施する者を設置しなければなりません。ISAE3410 で「レビュー担当者」と呼称されている内部審査を実施する者は、担当する保証業務過程に伴走し、保証業務の責任者やそのチームメンバーと適宜協議し説明を求めます。

> 法令又は規則が品質管理のレビューを要求するか、又は業務の品質管理レビューが必要であると事務所が判断した当該業務（該当する場合）に対して、業務の品質管理のレビュー担当者は、業務チームが行った重要な判断や保証報告書の結論を客観的に評価しなければならない。
>
> （ISAE3410 温室効果ガス報告に対する保証業務　パラグラフ 71）

この内部審査を実施する者の要件は国によって異なりますが、少なくとも高度な能力と独立性の点では世界共通です。サステナビリティ情報審査協会のサステナビリティ情報審査実務指針では「判定者」と呼び、必要な知見・スキルがあること、内部審査対象となる保証業務の関係者から独立した存在であることを最低限の要件としています。

> 判定者は次の要件を満たすことが必要である。
>
> ①　審査責任者と同程度以上の専門的能力と実務経験を有すること
>
> ②　被審査事業体との利害関係（中略）を有しないこと
>
> (サステナビリティ情報審査協会 サステナビリティ情報審査実務指針 2-4 (4))

内部審査を実施する者が保証業務責任者に検討を要求する内容には少なくとも以下のようなこと[28]が含まれます。

(a)　主題情報の算定方法と情報開示に関して及び保証業務に関して、保証業務チームは職業的専門家としての能力を有しているかどうかを確かめる

(b)　保証業務の実施過程で、主題情報の算定方法、情報開示あるいは保証

(28) ISAE3410 温室効果ガス報告に対する保証業務　パラグラフ 71 を基に記載。

業務手続や判断に関して、重要な事項が発生した場合、その内容について保証業務責任者と十分に討議する

(c) 個別項目において、保証業務チームが行った重要な判断とその結論に関する調書を査閲する

(d) 未了事項が残っていないことを確かめ、保証報告書案の結論を評価する

(e) 主題情報の開示内容案と保証報告書案が一致しているかどうかを検討する

さらに保証報告書そのものにも厳しい目が注がれます。まず日付です。保証報告書の発行日は審査人が責任を負う時点を対外的に明示する基点になりますので、審査人の組織的な内部審査が完了した日以後であることが求められます。日付を遡って発行することはできません。なお、1つの契約で報告書を複数回提出する事があります。例えば、CDP(29)やESG格付けの締め切りに間に合うように気候変動関連情報その他の主要情報のみを対象として最初の保証報告書を発行し、その後統合報告書やウェブサイト用にすべてのESG情報が出そろったタイミングで二度目の保証報告書を発行するケースなどです。このように複数の保証報告書を発行するためには、その都度必要な内部審査を行います。なお、保証報告書日にかかる重大イベントとしての後発事象と経営者確認書については別に説明しています（それぞれ本節7、9を参照)。

また、短文式の保証報告書では記号的なキーワードを用いて明確な意味を濃縮表現していると説明しました。そのため外国文による保証報告書においては、なおのことその表現振りを慎重に確認する必要があります。通常は内部審査を実施する者とは別に、保証業務基準に対する高度な知見とネイティブスピーカー並みの言語能力を併せ持った外国文レビュアーを指名して内部審査を実施します。英語による保証報告書は国際的に広くみられますが、アジア圏などの現地語による場合には特に注意を要します。

(29) CDP、世界中の幅広い機関投資家の賛同を得て、気候変動など環境分野の情報開示を推進するNGO。旧称Carbon Disclosure Project

最後に保証報告書を発行する際には、保証業務に携わったもの全員（責任者、チームメンバー、内部審査を行う者、外国文レビュアー）が自らの責任と役割を果たしたことを確認し書面で宣誓します。その際、保証業務実施中に対象になった企業と間で独立性を棄損する事実が発生していないかどうかを改めて確認します。

9　保証報告書の発行

(1)　保証報告書の取り扱われ方

ESG 情報審査（保証業務）が猛烈な勢いで拡大している昨今、企業側において保証報告書（審査報告書）の取り扱い方について注意すべきことが３点あります。これらが十分に配慮されていないケースでは、せっかくの ESG 情報開示の意図が伝わりにくくなります。ESG 情報審査の目的が信頼性確保にあるのではなく、単に第三者のお墨付が欲しいだけではないかというような誤解を受けてしまう恐れがあるということです。

①　保証報告書の位置

保証報告書は ESG 情報審査の対象となる情報（主題情報）及びその算定基準と一体感をもって掲載されなければなりません。日本では、CDP や TCFD[30] の影響もあって、緊急度の高いとされる気候変動関連の情報開示にのみ ESG 情報審査を受けているケースが多くみられます。その場合の保証報告書は、気候変動関連の主題情報が開示されている近傍に算定基準とともに記載されるべきです。ESG 情報開示の冒頭や最後などの総括的な位置に掲載することは、ESG 情報審査の対象があたかもレポート全体の情報に及んでいるかのような印象操作につながりますので適切とは言えません。

(30)　TCFD、各国の財務省による金融安定理事会（FSB）傘下のタスクフォースで、気候変動関連リスクと機会の情報開示を促す。Task Force on Climate-related Financial Disclosures　なお、東京証券取引所プライム市場の上場会社は、2022年以降にTCFDまたは同等の枠組みに基づく開示の質と量を求められる。

② 保証報告書のサイズ・画質

保証報告書の原本は、組織の長（社長、理事長など）または取締役会宛てに提出され、公表されているものはその謄本です。その保証報告書のコピーに関して、読めないほど小さなサイズで掲載されているものや画質が粗くて拡大しても文字を判読できないようなものを見かけることがあります。理由は定かではありませんが、保証報告書の趣旨が理解されていないように見えます。ESG情報審査は法的義務ではなく自主的に実施されていますので、その内容は画一的ではありません。保証報告書には、主題情報や組織範囲に関する情報の他、主題情報の算定基準またはそのアクセス先、審査人（保証業務実施者）が準拠している保証業務の実施基準や実施した手続の概要など、ESG情報審査の内容を理解するために大切な情報が濃縮されて記載されています。判読できる保証報告書があってこそ、一連のESG情報開示が完結するものと考えましょう。

③ ウェブサイト情報の特定

企業のESG情報の開示方法について、近年、冊子形式のレポート発行が減少しており、ウェブサイト上で開示されることが一般的になっています。冊子形式でレポートを作成する企業においても紙面印刷の発行部数を最小限にとどめ、情報開示の中心となる媒体をウェブサイト上の電磁的記録へと移行させてきています。電磁的記録による場合、一旦開示された情報の手直しを容易に行うことができます。情報の可変性が高いと言えます。だからといって企業の担当者は勝手にESG情報審査の対象となった情報を変更してはいけません。ESG情報審査では、保証報告書の日付において開示された情報に対してのみ結論が表明されていますので、対象となる情報が加工・編集されてしまえば保証報告書自体が無効になってしまうからです。そのため実務上では、保証報告書日現在の情報開示内容を紙面で取り交わし企業側と審査人側の双方で保管すると同時に、何らかの事情で企業のウェブサイトを変更する場合には事前に審査人に通知して変更内容を確認する手続がとられています。

(2) 経営者確認書の入手

審査人は保証業務手続の実施過程おいて、多くの質問を実施し様々な情報を入手します。それらの口頭による回答内容のうち重要な点については、企業側と審査人側とで誤解のないように明確に確認をする必要があります。この内容の確認を行うため、企業の上級経営者（通常は代表権のある社長）は、ESG情報審査全体を通しての必要な事項を確認する陳述を経営者確認書として、保証報告書の発行日と同日に審査人に提出することとなります。

> 業務実施者は、以下の書面による陳述を適切な当事者に依頼する。
> (a) 適切な当事者が業務に関連すると考えるすべての情報を業務実施者に提供したこと
> (b) 適用される規準に照らして主題の測定又は評価を確認したこと。これにはすべての関連する情報が主題情報に反映されていることを含む
> (ISAE3000 過去財務情報の監査又はレビュー以外の保証業務　パラグラフ56)

> 口頭による陳述の書面による確認は、業務実施者と適切な当事者に誤解が生じる可能性を軽減する。業務実施者が書面による陳述を依頼する相手は、例えば、適切な当事者の経営及び統治の構造等を踏まえ、通常、上級経営者又は統治責任者の一員である。経営及び統治の構造は、異なる文化的及び法的な背景、規模及び所有上の特徴などの影響を反映し、管轄区域や企業によって様々である。
> (ISAE3000 過去財務情報の監査又はレビュー以外の保証業務　適用指針A136)

経営者確認書に記載される内容はそれぞれのESG情報審査の状況によって様々ですが、概ね共通的に記載される内容をご紹介します。

図表2−4−9　経営者確認書に記載される一般的な項目

【①経営者の責任について】
(a) 適切な算定基準を選択し、その基準に従って主題情報を漏れなく正確に算定する責任ならびに適正に情報開示する責任が経営者にある旨
(b) 主題情報を適正に算定・情報開示するための内部統制を構築して維持する責任が経営者にある旨
(c) 主題情報に重要な影響を与える内部統制の不備、不正又は違法行為がない旨

【②必要な手続または前提条件について】
(d) 審査人の求める資料及び情報をすべて提供した旨
(e) 主題情報及びその算定の基礎となる記録から漏れている重要な活動がない旨
(f) 規制当局からの通告・指導等で主題情報に重要な影響を与える事項はない旨
(g)（係数等に重要な仮定が含まれている場合）主題情報の算定に際して使用した係数等に含まれる重要な仮定を使用することが、ESG情報の開示目的に適合していると判断している旨
(h)（ESG情報審査が限定的保証業務である場合）審査人の実施した業務は、主として質問、分析的手続などの限定された手続の実施であるため、合理的保証業務と比較して、より限定的な保証を与えるものである旨

【③最終的な情報開示について】
(i) 情報開示した事項を除いて、主題情報に関する訴訟事件等の重要な偶発事象及び後発事象がない旨
(j) 主題情報に重要な影響を及ぼす可能性がある不正、不正の疑い若しくは不正の申立て又は違法行為は認識されていないこと
(k)（以下に記載する事項を除いて）重要な未修正の虚偽表示がないこと
　未修正事項①　…………
　未修正事項②　…………

（出所：実務事例より筆者作成）

以下の解説文における（a)、(b）……の記号は図表2−4−9における項目例に対応します。

① 経営者の責任について

ここでいう経営者とは、国際的な基準で「主題に責任を負う者」(31)のことです。すなわち主題と主題情報を適切に算定し情報開示すること（a)、そのために必要な内部統制を整備し運用すること（b、c）に対して責任を負います。その点を経営者がしっかりと認識していることを確認します。

(31) ISAE3000パラグラフ12（V）より

② 必要な手続または前提条件について

ESG 情報審査は、警察組織のような強制捜査によるものではなく、企業と審査人との協力関係の基に成り立っています。その意味で企業は審査人に全面的に協力したこと（d）を確認します。主題情報の集計漏れとなる情報（e）や算定基準に影響を及ぼしかねない行政指導等が発生していないこと（f）も同時に確認します。

また ESG 情報開示の前提条件について、経営者がその内容を理解しており適切と判断していることを確かめます。例えば、地球温暖化係数（GWP）のように科学的不確実性を伴う係数や一定の仮定を立てて独自の係数を使用する場合には、その係数の性質が主題情報の算定目的に適っていると判断していること（g）や限定的保証業務が保証水準では合理的保証業務に及ばないこと（h）などです。

③ 最終的な情報開示について

セットアップされた情報開示の内容にも最終確認を行います。まず主題情報の値そのものの変更や説明の追加が必要となるような後発事象等が生じていないこと（i）、さらに企業内外で不正行為が発覚したこと等による修正の可能性の有無が存在しないこと（j）を確認します。最後に未修正事項の存否（k）です。通常はすべて修正するため該当がないはずですが、何らかの事情で残ってしまった場合には一つ一つをここで文書化して確認します。

Column タイトな審査スケジュール

ESG情報審査の業務実施時期は、一般にゴールデンウィーク明けの5月中旬からお盆休み前の8月上旬に集中します。原因は日本の上場企業の多くが3月期決算であることはもちろんですが、二つの制度的な要因がこの傾向を加速しています。一つは官公庁の事業年度が3月期末であるため、環境、人事、労働等の各種届出は6月から夏にかけて行われ、決算期が3月期以外の企業もESG情報審査の集中期にデータを集計して届出を行います。もう一つは各種ESG格付け（DJSI、CDP等）への回答時期がやはりこの時期に重なってしまうことです。ESG情報審査の窓口となる企業担当者はESG情報開示を統括する部署と同一である（あるいは密接に関係する）ことが多いため、この時期には企業側も審査人側も保証業務に関わる方々は目が血走るような忙しさになります。

実は業務を平準化した方がトータルの業務量を削減することができます。例えば、内部統制の理解、算定基準や情報開示案の吟味などは、繁忙期を回避して事前に行うことができます。保証業務手続によって異常値やエラーが検出された場合の追加的手続についても、企業側で必要な調査時間を確保した上で回答を提出してくる場合には十分な説明と証拠を伴っているため、さらなる追加的手続が不要となるケースがほとんどです。そのため保証業務の開始時期を早めることはタイトなスケジュールを回避するための解決策になりうるでしょう。

ところで新型コロナウィルスの感染懸念より多くの学校が休校に追い込まれた際、国際競争力強化などを理由に新学期の開始時期を見直す案が浮上しましたが、その後コロナ禍対応が長期化する中で立ち消えになったようです。これに限らず、年間を通じて業務の平準化する各種の試みは日本全体のワークライフバランスや生産性向上に寄与するため、もう少し検討が進められても良さそうです。

第5節

その他の審査業務関連実施事項

1 審査業務の総括

審査機関は、審査業務の目的である結論を表明する保証報告書（審査報告書）とは別に企業に対して、審査業務に関して総括して伝達すべき何らかの気づき事項等について報告することがあります。当該報告する内容に関しては、外部に公開するようなものではなく企業が自らの努力で今後の改善を図るための材料を提供する目的として報告するものとなります。

このような報告は、一般的には審査機関が保証報告書を提出した後に行われます。報告する内容の例として、当該年度に実施した審査業務と関連して、実施した審査業務の概要、審査業務の過程で発見された誤り等に関する問題点（定量情報、定性情報）、審査業務の過程で発見された内部統制上の問題点などについて伝えることがあります。

保証報告書とは別に企業内部の利用のみを目的とした報告内容例

- ◆ 実施した審査業務の概要
- ◆ 審査業務の過程で発見された誤り等に関する問題点（定量情報、定性情報）
- ◆ 審査業務の過程で発見された内部統制上の問題点

(1) 実施した審査業務の概要

審査機関が、対象事業年度に実施した審査業務の概要として、例えば審査の目的から審査の結論までの内容を取りまとめて報告することがあります。

審査業務の概要として、記載する内容の例としては、図表2－5－1審査業務の概要記載例の通りです。

図表2－5－1　審査業務の概要記載例

- ▶審査の目的（限定的保証または合理的保証）
- ▶審査の対象範囲（保証対象情報、対象組織範囲）
- ▶審査業務責任者及びチームメンバー
- ▶審査対象期間
- ▶審査業務実施者の判断基準（保証対象情報の作成基準）
- ▶審査業務実施者の審査基準（保証業務基準）
- ▶審査手続の概要（計画、実施、報告）
- ▶審査実施日程
- ▶訪問事業所
- ▶審査の結論：表明した結論

（出所：筆者作成）

(2) 審査業務の過程で発見された誤り等に関する問題点（定量情報、定性情報）

審査機関が、対象事業年度に実施した審査業務の過程で発見した定量情報の誤りや定性情報の誤りなどを報告することがあります。

例えば以下のような項目となります。

① 定量情報の誤り例

- ▶必要データの漏れ
- ▶データの重複
- ▶算定の計算式の誤り
- ▶算定の換算係数の誤り
- ▶活動量の単位等の誤り
- ▶転記誤り
- ▶データの集計誤り

②　定性情報の誤り例

- ▶保証対象情報の項目の不適切な名称
- ▶作成基準等の記載の不足
（用語定義、算定式、換算係数など情報記載不足）
- ▶作成基準等の当期変更点にかかわる情報記載不足
（その旨、理由、影響などの情報記載不足）
- ▶対象組織範囲の不明瞭な記載
- ▶対象組織範囲の当期変更点にかかわる情報記載不足
（その旨、理由、影響などの情報記載不足）

このような問題点の報告は、企業が自らの努力で改善を図るための材料となります。問題の原因が内部統制上の問題点であれば繰り返し発生ることも考えられますので、改善を図ることで再発することを防ぐことが可能となります。

なお、審査業務の過程で発見された誤り及び同様の原因で起こりうる誤り等に関する問題点については、原則として開示数値に影響を及ぼさないなど軽微な誤りを除きすべて修正されていることになります。したがって、報告する問題点は、審査の結論の形成には一切影響しないものとなります。

（3）審査業務の過程で発見された内部統制上の問題点

発見された上記（2）の定量情報及び定性情報の問題点に関して、その原因として内部統制上に問題点が存在することがあります。これらの内部統制上の問題点も含めて伝えることがあります。

①　内部統制の整備状況と運用状況の問題点

保証対象情報に関連する内部統制上の問題として、内部統制の整備状況による問題と、内部統制の運用状況による問題とがあります。

ア）保証対象情報に関連する内部統制の整備状況による問題点

内部統制の整備状況の問題は、簡単に言うと保証対象情報にかかわる原始データの収集から開示に至る業務の体制及びプロセスのルール化の問題です。

例えば、保証対象情報にかかわる原始データの収集から開示に至る業務プロセスに関して役割・責任が明確でなかったり、適切なルールが存在していなかったり、あるいは詳細にルール化されていなかったりするなどで誤りが生じる場合があります。またデータ収集に関するルールが存在していてもデータの正確性や網羅性などを確保するためのチェックの仕組みに関して、ルール化されていなかったり、ルールに不備があったりと、誤りが発見される仕組みとなっていない場合があります。このような問題は内部統制の整備状況による問題点となります。

イ）保証対象情報に関連する内部統制の運用状況による問題点

内部統制の運用状況による問題は、保証対象情報にかかわる原始データの収集から開示に至る業務の体制及びプロセスのルール化は適切に整備されているが、その運用が適切に行われていない問題です。

例えば、内部統制に係るルールが存在し整備状況が適切あっても、ルールが認識されていないことにより運用が適切にされていなかったり、ルールが認識されているもののそのルール順守の運用が徹底されていなかったりするなどが原因で誤りが生じる場合があります。このような問題は内部統制の運用状況の問題となります。

② 内部統制の適用例

保証対象情報のデータ収集から情報開示に至るまでのプロセスにおいて、情報を適切に収集・算定・報告するために、適切にルール化され内部統制を有効に機能させる必要があります。

例えば以下のようなコントロールを持つことが望まれます。

内部統制の適用例

- ◆ データ収集から情報開示に至るまでの全社ルール等の整備と周知
- ◆ 全社ルール定期的な見直しと、変更があった場合の各事業所への適時な伝達
- ◆ 各事業所における個別のルールの整備（必要に応じて）と本社への報告
- ◆ 本社による定期的な内部統制の検証または監査
- ◆ 相関データを含めた著増減比較等の分析（本社・事業所）
- ◆ ルールに関する担当者への教育（本社・事業所）
- ◆ 担当者以外の者によるレビュー・承認（本社・事業所）
- ◆ スプレッドシート様式、係数マスタの設定、計算式、マクロ等の検証
- ◆ ITシステムの整備・運用

2　保証業務における品質管理

(1) 審査機関の内部審査

審査人（保証業務実施者）の法人組織（審査機関）では、何段階にも内部審査が実施されます。内部審査とは審査機関内における品質管理手続の一環です。ESG情報審査（保証業務）を実施する責任者やそのチームメンバーによってチームが構成されていますが、そのチームの保証業務手続（審査手続）や結論の形成過程などが定められた品質管理ルールに従っているかどうかをチームとは別の者が内部的に審査します。審査機関によって詳細なやり方や審査項目が異なりますが、概ね共通的に想定される内部審査の全体像を説明します。

内部審査は最低3回ないし4回行われます。まず業務開始前段階では、受注と契約の内容に対して同時（1回）または別々（2回）に受注・契約審査が実施されます。業務開始段階で、業務実施内容の詳細な計画書を作成して計画審

査が行われます。最後に審査結果が取りまとめられ、結論が形成された段階で報告審査が行われます。

図表2−5−2　内部審査の一般的な流れ

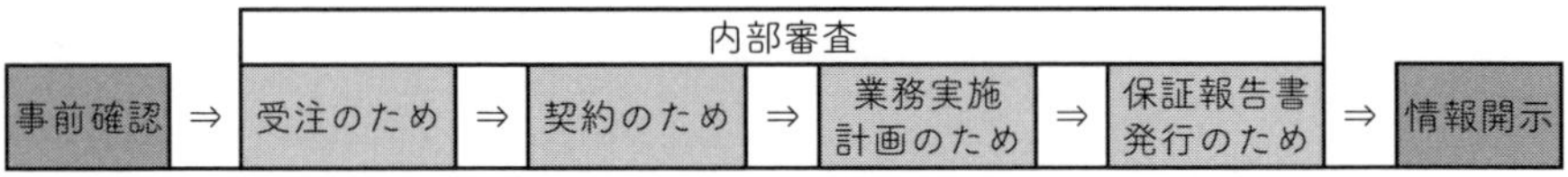

（出所：筆者作成）

（2）事前確認から受注まで

日本のESG情報審査はボランタリーな取組みであって企業努力によっています。法的な画一化された制度ではないため、ESG情報審査の対象（情報、組織範囲）や企業側の受け入れ態勢などについて質問し、国際的なフレームワークに則った方法で保証業務手続（審査手続）を実施できるのかどうかについて事前に確認します。

まずはESG情報審査の対象となる情報（主題情報）の対象範囲（スコープ）と子会社などの組織の対象範囲（バウンダリ）を特定した上で、それぞれの算定基準や内部統制の状況、意思決定プロセスを確認します。企業がESG情報審査を受けることはボランタリーな取組みとはいえ、ESG情報とその審査の結果は公表されることがほとんどですので、経営者の誠実性や社会的影響度にも留意します。これは過去に不正のあった企業や注目度の高い企業に問題があるという意味ではなく、ESG情報審査においてどのようなリスクが想定されるのかを事前に検討するためのものです。

受注のための審査では、事前確認した内容に加えて、審査人側に独立性違反がないか、十分なスキルが備わっているかなどが審査されます。

図表２－５－３　事前確認から受注までの品質管理の流れ

種類	主な内部審査項目
事前確認	✓ 主題情報（スコープ）の特定 ✓ 組織境界（バウンダリ）の特定（対象外がある場合はその理由） ✓ 算定基準（クライテリア）の要件評価及び利用可能性 ✓ 内部統制の整備体制と運用状況の理解 ✓ 意思決定の流れと最終意思決定者（機関）の確認 ✓ 過去の不正等や経営者の誠実性の評価 ✓ 企業の社会的注目度または保証業務の社会的影響度 等

↓

受注のため	✓ 審査人及びその所属組織による独立性規制の抵触有無 ✓ 審査人のスキルの十分性（資格の有無や必須研修の受講確認等） ✓ その他職業倫理の遵守事項（品質管理など） ✓ 保証業務過程において、伴走して内部審査を行う者の特定 等

（出所：筆者作成）

(3) 契約の締結

契約のための審査は、受注のための審査と同時に行われるケースもあるようです。契約書は基本的には企業と審査人（保証業務実施者）との間で合意した事項に齟齬がないことを明確にするために文書化するものです。したがって契約書案とその添付資料（各種様式）の内容が事前確認及び受注のための審査で確認されたことと同様であることが吟味されます。

(4) 業務実施計画の策定

ESG 情報審査は比較的タイトなスケジュールにおいて実施されますので、効率的かつ効果的に保証業務手続（審査手続）を実施し、最終的な結論に到達することが求められます。そのため事前に入手した情報に基づいて業務実施計画をかなり詳細に策定し、内部審査を受けます。

計画段階までに事前に入手しておくべき情報としては、企業の事業活動や市

図図表２−５−４　受注後、契約締結時の品質管理の流れ

種類	主な内部審査項目
契約のため	✓　事前の合意事項を文書化（作成責任、全面的な協力など） ✓　主題情報の算定基準（GRI 基準、日本の省エネ法など） ✓　保証業務の実施基準（ISAE3000 など） ✓　保証の種類（限定的保証の場合は保証水準が低い旨） ✓　保証報告書の様式案と提出時期 ✓　経営者確認者を提出する旨と様式案 ✓　主題情報の項目名と様式案 ✓　算定基準の詳細と様式案 ✓　その他審査機関に固有の条項（調書の所有権など） 　等

（出所：筆者作成）

場の動向といったビジネスの理解、ESG 情報の短中長期目標とこれまでの実績、経営者や従業員にとってのインセンティブ、組織や責任者・担当者の変更といった内部統制に影響を及ぼす要因、IT システムの利用状況など多岐に亘ります。

これらの情報に基づいて策定される業務実施計画は、リスクアプローチという考え方によっています。現代の ESG 情報審査の方法論は、対象範囲（スコープ、バウンダリ）の全体を平板に眺めるのではなく、審査上のリスクが大きいと見込まれる領域にできるだけ多くのリソース（時間と手続）を投下します。具体的には計画段階で重要性の基準値を暫定的に決定すると同時に審査上のリスクを評価します。これによって入手可能な証拠の質と量が見込まれますので、保証業務手続の種類、実施時期及び実施範囲を保証業務プロセスにそって詳細に計画します。

なお、サイト（事業所や子会社）往査や経営者インタビュー、最終的な情報開示ドラフトの提出時期も、このタイミングで企業と協議して決められます。

図表2−5−5　契約締結後、具体的な業務実施計画の策定における品質管理の流れ

種類	主な内部審査項目
業務実施計画のため	✓　企業の事業活動に対する理解の再確認 ✓　ESG目標の有無、経営状況との関係（不正の誘発要因かどうか） ✓　（継続業務であれば）前期からの申し送り事項の確認とその対処 ✓　算定基準の詳細と内在する仮定や前提条件の確認 ✓　主題情報の業務フロー（集計データの種類、集計経路）（サブプロセスを含む） ✓　（重要なITシステムを利用していれば）機能概要と管理者と管理権限の理解 ✓　内部統制の流れと最終承認者の図式化（サブプロセスを含む） ✓　内部統制に従事する者のスキルの確認 ✓　想定されるリスク（起こり得るエラー）とその対応方法の検討 ✓　計画段階の重要性基準値（暫定値）の設定（量的あるいは質的重要性） ✓　業務実施スケール、往査サイトの設定 ✓　経営者インタビューの実施確認 等

（出所：筆者作成）

仮に保証業務の実施中に不測の事態が発覚し計画段階の見込みに変更が生じた場合には、適時に計画の見直しを行い、必要な追加手続を立案し実施します。

> （前略）
> (b) 業務実施者は、計画した手続を決定する際に基礎とした情報と著しく異なる情報に気付いた場合、追加の手続が必要になることがある。
> (ISAE3000 過去財務情報の監査又はレビュー以外の保証業務　パラグラフ37)

(5) 保証報告書の発行

保証報告書（審査報告書）の発行に関する品質管理や内部審査での留意事項例については、前節の通りです。

保証報告発行のための内部審査をパスすると、実際に保証報告書が企業に提出されます。その意味では最後の砦です。すべての手続が終了しているか、重要な見落としがないかなど疑義がある場合、調書の記載内容や追加的な証拠収集手続の要否、あるいは注記事項の追加要請などを巡り、ESG 情報審査の業務チーム（責任者、チームメンバー）と内部審査担当者との間で熱い議論が交わされることとなります。

図表 2－5－6　保証報告書（審査報告書）の発行前後の品質管理の流れ

種類	主な内部審査項目
保証報告書発行のため	✓　報告段階の重要性基準値（確定値）の設定 ✓　虚偽記載に対する重要性基準値の適用状況 ✓　エラーの修正の発生状況 ✓　未了事項の有無と追加手続きの必要性 ✓　後発事象等の確認 ✓　経営者確認書の入手予定とその文言 ✓　保証報告書の内容と契約内容の一致 ✓　保証報告書の結論と調書との一致 ✓　最終的な情報開示案との主題情報の整合 ✓　（必要があれば）外国文による保証報告書文言の吟味　等
↓	
情報開示	✓　開示された内容の最終ドラフトとの一致 ✓　算定基準、保証報告書との一体性の確認 ✓　保証報告書の適切な開示（判読できるように）　等

（出所：筆者作成）

第 3 章

ESG 情報審査の実務

第1節

ESG情報の審査

1 環境パフォーマンス指標

(1) 温室効果ガス

地球環境問題のうち、気候変動は最もよく知られた事象であるといってよいでしょう。

気候変動に関する政府間パネル（IPCC）をはじめとするいくつもの機関、組織が気候変動のメカニズムやその影響としての事象を解明するために研究をすすめています。気候変動の原因には、太陽黒点、海流の変化、火山噴火によるエーロゾルなどの自然要因のほかに人為的要因のあることが報告されています。人間の活動に伴う温室効果ガスの排出や森林破壊による温室効果ガス吸収能力の低減などが人為的要因です。

気候変動は、人類の生活、特に企業等の経済活動に大きな影響を及ぼしうることが指摘されています。

極端な暴風雨や洪水、干ばつや豪雨などによって、工場の操業が妨げられ計画どおりの製品出荷ができなくなると、その製品を使用あるいは加工する企業も計画どおりの操業ができなくなります。一時的な操業停止ではなく長期にわたって操業を停めざるをえないケースも起こりえます。

大気中の温室効果ガス濃度の上昇を抑制するために、世界は温室効果ガスの排出の少ないエネルギーや排出を伴わないエネルギーを選択的に使用することで、多量の温室効果ガスを排出する燃料や設備の使用を抑制しようとする動きがあります。このような動きは気候変動の抑制に役立つと思われますが、一方で世界のこのような動きに伴って、従来の設備や技術が使えなくなり、事業のありかたの変革を余儀なくされるというケースも考えられます。

気候変動枠組条約締約国会議において京都議定書やパリ協定が締結され、各国が目標をもって気候変動の抑制に向けてともに努力することの認識は、いまや社会に深く浸透しました。同時に、気候変動は、企業等の経済活動にとって重大な影響を及ぼしうるリスクである(32)ことが強く意識されるようにもなりました。

企業による温室効果ガスの排出量は、すなわち、その企業の化石燃料への依存度であり、気候変動に起因する極端な気象やさまざまな規制強化に対する脆弱性を表します。ステークホルダーが温室効果ガス排出量情報に強い関心を抱く理由がここにあります。

温室効果ガス排出量は、いま特に注目される指標ですので、これについては第2節に詳述します。

(2) 廃棄物

廃棄物関連の指標でしばしば審査の対象となる指標には、廃棄物排出量、最終処分量、リサイクル率、ゼロエミッション率などがあります。

日本では、廃棄物は法律（廃棄物処理法）に従って産業廃棄物と一般廃棄物とに分類されます。それゆえ、廃棄物排出量は産業廃棄物の排出量と一般廃棄物の排出量との合計値ということになります。

廃棄物の排出とは、多くの場合、廃棄物を発生させた企業が廃棄物を自社の敷地の外に出すことをさします。

一般には廃棄物が排出されるときは、廃棄物運搬事業者に廃棄物の運搬を委託することになります。このとき、運搬を委託する廃棄物が産業廃棄物の場合は、排出者が産業廃棄物管理票（マニフェスト）を発行することになりますので、報告期間の廃棄物排出量は、その期間中に発行されたマニフェストに記載されている排出量を合計することで得られます。

審査機関は、審査手続として、審査対象の報告期間（年度）のマニフェスト

(32) 事業機会になることもあります。

図表3−1−1　廃棄物排出量指標の算定方法と審査の視点

廃棄物排出量指標	代表的な算定方法	審査の視点の例
産業廃棄物排出量	報告期間内のすべてのマニフェストに記載されている重量を合計することで求める。	製品出荷量と産業廃棄物排出量との相関を調べるなど。
一般廃棄物排出量	マニフェストがないため、多くの場合は推定で求める。	推定の方法が合理的であるかなど。
廃棄物排出量	産業廃棄物排出量と一般廃棄物排出量の合計。	合算が正確であるか、網羅的であるかなど。

がもれなく数えられているか、マニフェストに記載された排出量の集計方法が適切かつ正確であるか、マニフェストの記載自体の正確性は信頼できるのか、などを評価します。

評価の手法は、審査計画時に評価した審査リスク（保証リスク）評価結果にもよりますが、主に受審者が作成した廃棄物排出量の集計表を基に分析的手続が行われます。例えば、多くの場合に廃棄物の排出者である拠点の製品出荷量は産業廃棄物排出量と正の相関があると推定されますが、月々のそれらのデータが必ずしも正の相関を示さないことがあった場合、審査機関はその集計表に何らかの誤りが潜んでいるかを調べることになるでしょう。

このようなときには審査機関は追加的な手続として、質問、マニフェストなどの証憑の照合、操業記録などの文書の閲覧などを行い、誤りがあるのかどうかを評価します。

廃棄物排出量は通常重量の単位（トン又はkg）で集計されますが、審査機関が、報告企業の作成した集計表を基に分析的手続を行い、続いて追加的な手続としてマニフェストと集計表との照合を行ったところ、マニフェストに記載されている廃棄物排出量が体積の単位（m^3）のデータであり、あるいは個数の単位（個）のデータであり、それらのデータの値を重量の単位に換算せずに合算してしまっている、といった誤りを発見することはしばしばあります。

このように追加的手続の結果、誤りが発見されれば、審査機関はその旨を報告企業に伝え、その誤りの影響が軽微な場合を除いて修正を求めます。

一方、一般廃棄物の場合はマニフェストが発行されないので、その排出量を正確に算定することが困難である場合が少なくありません。それゆえ、企業が排出量を算定するにあたっては、多くの場合合理的な根拠に基づく推定を試みることになります。

例えば、典型的な事業プロセスにおいて、モデルとなる特定のひとまとまり（クール）を定め、そのクールにおいて排出される一般廃棄物排出量を測定します。そして報告対象期間（年度）にそのクールが繰り返される回数に、測定したモデルクールの排出量を乗じて、その年度の排出量を推定する、といった手法があります。

あるいは、一般廃棄物をプラスチック袋に入れてゴミ置場に毎日出しているオフィスなどの場合、ゴミ置場に持っていった袋の数を記録して、プラスチック袋のひとつあたりの平均重量を乗じて、排出量を推定する、という手法がとられたりします。

審査機関は、そのような推定が論理的かつ合理的であるかを評価したうえで、もれなく正確に算定されているかを調べます。ここでも主に分析的手続ならびに必要な追加的手続が実施されます。

特に報告企業が製造業である場合は、産業廃棄物排出量に比べて一般廃棄物排出量は十分に小さいので、多くの場合、審査機関は一般廃棄物排出量に対する審査手続よりも産業廃棄物排出量に対する審査手続に、より多くの工数をかけることになります。

既に述べましたとおり、日本の法律では、廃棄物は産業廃棄物と一般廃棄物とに分類されますが、外国では必ずしもそのように分類されません。また、日本の法律では産業廃棄物はさらに廃油、木くず、汚泥などの 20 種類に区分されますが、外国では必ずしも同じように区分されているわけではありません。

このことにより、企業グループ国内外の拠点で排出される廃棄物を、日本の法律に定められる廃棄物の分類で管理することには困難が伴うことになります。

例えば日本の法律に定められる木くずは、建設業、パルプ製造業、輸入木材の卸売業、物品賃貸業の事業から排出される木材片等に限定されるのであって、その他の業種から排出される木材片は産業廃棄物の木くずには含まれません（貨物輸送用の廃パレットを除く）。そのような詳細な規準を外国にある全拠点の廃棄物管理に適用することは、容易ではありません。

しかしながら、それでも日本の法律に従った廃棄物の分類を国内外の全拠点の廃棄物管理に適用している企業はめずらしくありません。あるいは、自社グループ独自の廃棄物分類規準をつくって（多くの場合、日本の法律の分類ほどには細分化されていません）、それを自社グループの国内外の拠点に適用している場合もあります。

審査機関は、このような廃棄物の分類について明確な集計基準があるか、そしてすべての拠点で集計基準どおりに集計が行われているかということも評価します。この評価にあたっては、主に各拠点で用いられる集計手順書（集計マニュアル）を閲覧し、あるいは集計責任者への質問を行うことになります。

廃棄物が排出されているということは、結果的に価値を生まなかった資材を購入したということであり、それが廃棄物置場に移されるまでの期間に、その

図表3－1－2　廃棄物削減に取り組む理由と利害関係者が廃棄物削減情報を求める理由

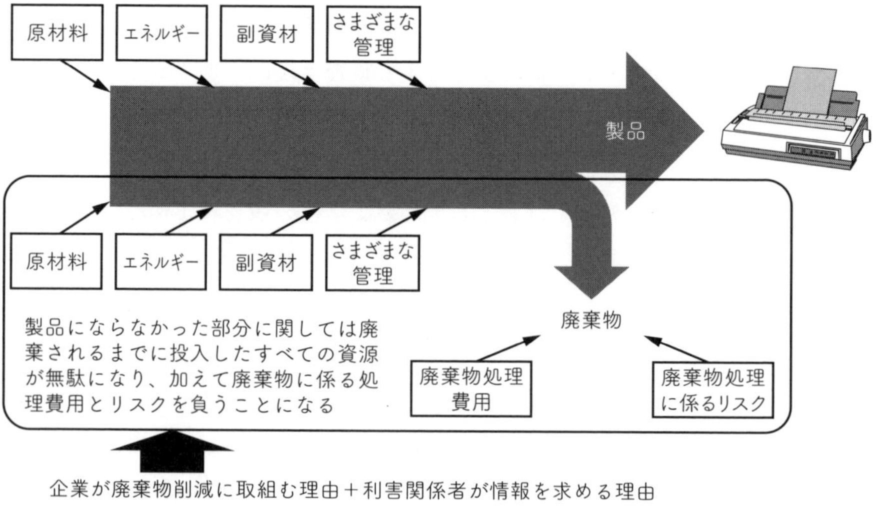

加工や管理などに価値を生まない工数をかけてきたことになります。加えて、廃棄物の処理費用をかけるということでもあり、適正な処分が完了するまでは不法投棄などの不適正処分に伴うリスクを企業が負うことになります。

企業が廃棄物の削減に取り組む理由はここにあります。サステナビリティ報告書の読者が廃棄物データ（排出量、最終処分量など）の情報に関心を惹かれる理由でもあります。

海外拠点での製造が増えている一方で、国内拠点からの廃棄物データしか開示されていない例がしばしばみられます。このようなケースでは、国内拠点から海外拠点への製造移管がすすんでいるために、サステナビリティ報告書に記載されている廃棄物排出量は継続的に減少しているようにみえるものの、実は開示されていない海外拠点での廃棄物排出量が増えているという事実が隠れていたりします。

廃棄物データの集計対象の組織はどの範囲であるかに注意が必要です。

(3) 水

① 取水量と排水量

人の生存には水が不可欠です。人だけではなく、ほとんどの動植物の生育に水は欠かすことができません。しかし、SDGs のゴール 6[33] に掲げられているように、世界には上質な（衛生的な）水を得ることが困難な地域が少なくありません。干ばつや洪水などによって上質な水を得られなくなるリスク[34]（水リスク）の高い地域もあります。より豊かな生活や経済活動などのために、この水リスクを適切にコントロールすることが人類にとって重要です。

水に関する指標でしばしば審査の対象となる指標には、取水量と排水量があります。取水量は水源別（上水、工業用水、海水など）の値である場合があり、排水量も排水先別（公共用水域、下水排除など）の値である場合があります。

(33) ゴール 6 の名称は「Clean water and sanitation（Ensure availability and sustainable management of water and sanitation for all)」。日本語では「安全な水とトイレを世界中に」と訳されます。ゴール 6 の下には 6.1～6.6 及び 6．a、6．b の計 8 つのターゲットが設定されています。

(34) このリスクの高まりを水ストレスと呼ぶことがあります。

上水の取水量は、水道局の発行する請求書に記載されている流量をもって集計することが多いと思われます。ただ、請求書は毎月発行されるのではなく2か月に1度発行されることになっていたり、毎月発行されるのであっても、例えば7月10日から8月9日までといったように、月の初日ではない日からその月の末日ではない日までの期間の流量が記載されていたりすることがあり、そのために毎月の初日から末日までの正確な取水量を請求書から読み取ることができないこともめずらしくありません。

請求書に2か月分の流量が記載されているような場合は、内部管理のためにその値を50％ずつに分けて当該2か月の各々の取水量とみなしている企業があります。また、7月1日から7月31日までではなく、7月10日から8月9日までの流量をもって7月の取水量とみなしている企業もあります。

海水は、しばしば冷却水として利用されます。

設備の発熱部分を冷却するために、その部分を海岸に設置し、海水に接触させて熱を海水に逃がすしくみがしばしばみられます。このとき、海水を設備内

図表3－1－3　主な取水源、排水先とそれらの量の主な把握方法

取水・排水の別	取水源・排水先	主な把握方法
取水源	上水	水道局からの請求明細
	工業用水	自治体等からの請求明細
	河川水	積算流量計による計量
	湖沼水	積算流量計による計量
	海水	積算流量計による計量
	雨水	推定計算
	地下水	積算流量計による計量
	再生水	推定計算
排水先	公共用水域（河川）	排水処理施設からの排水量の計量
	公共用水域（湖沼）	排水処理施設からの排水量の計量
	公共用水域（海洋）	排水処理施設からの排水量の計量
	下水道	水道局からの請求明細

に流すパイプがあって、そのパイプ内を通過する海水の量を測定する計量器（流量計）が設置されている場合は、海水の取水量はその測定値から得ることができます。

他方、海水を設備内に流すパイプは設けられておらず、発熱部分を単に海水中に浸すことで冷却するしくみが採用されていることもあります。このような場合は、なにをもって取水と認識するのかを定めることが容易ではありません。また、取水と認識したとしてもその量を把握することが困難です。それゆえ、このような場合は海水を採り入れているとは認識しない（取水量を認識しない）ことが多いようです。しかしながら、それでは環境負荷という観点からは、パイプを設けてその中に海水を流している場合（このとき流水量をもって取水量とする）となにが異なるのか、という疑問が残ります。

いずれにしても、一般に「水ストレス」が考慮される際の「水」とは「上質な淡水資源」を指していることを考慮すると、海水は水ストレス（「水」の不足やそのおそれ）とはあまり関係がないと考えられます。それゆえ、海水が冷却に利用される場合は、その体積をもって環境負荷の指標とするよりも、放熱した熱量の大きさをもって指標とするほうがより適切であろうと思われます(35)。

通常は、サステナビリティ報告書には報告対象年度の1年間の取水量の値が記載され、その値が審査対象となりますので、審査においては月ごとの不正確さは問われません。それゆえ、2か月分の50％ずつの値が当該月の真実の取水量を表すものでなくても審査の結論には影響しません。極端な場合、請求書を受け取った月には、その請求書にある流量の100％を取水量とみなし、請求書を受け取らなかった月には取水量はゼロとする、といった記録をしていたとしても、報告対象年度において全6通の請求書に基づく6回の取水記録があれば、審査機関は、各月の取水量を推定（みなし）で算定していることをもって、あるいは、隔月に取水量がゼロと記録されている不自然さをもって、その1年の合計値を不完全あるいは不正確とは評価しないことでしょう。

月の初日から末日までの期間ではない期間の流量が請求書に記載されている

(35) この場合は、海水温の変化をもって環境負荷を認識することになります。

場合も同様で、7月10日から8月9日までの流量をもって7月の取水量としている場合、8月の取水量が8月10日から始まるおよそ30日間の期間の流量をもって8月の取水量とし、9月以降も同様に、報告対象年度の1年をつうじて流量の記録からもれている日がない、ということであれば、審査機関は、各月の流量記録の期間がずれていることをもって、その1年の合計値の信頼性に疑問をもたないことでしょう(36)。

企業が工業用水を購入するにあたっては、自治体などとの契約に基づき、積算流量計で計量した流量に応じた料金を月々支払うことになっていたり、取水量の多寡に関係なく定額を支払うことになっていたり、あるいは取水量が一定量を超えないかぎりにおいて定額を支払うことになっていたり、購入料金の取り決め方にはいくつかの種類があります。

積算流量計で計量した流量に応じた料金を月々支払うことになっている場合は、工業用水の請求書に流量（積算流量計の指示値）が記載されているはずなのでその流量をもって取水量とすればよいのですが、定額を支払うことになっている場合には、工業用水の請求書には請求対象月の流量が示されていないことがあります。このような場合、報告企業が審査機関に対して工業用水の取水量に関する説得力ある証拠を提示するためには、企業が自主的に（工業用水契約の履行のために必要というわけではなく）積算流量計で取水量を測定し記録していることが多くの場合で必要になると思われます。

もし、自主的に積算流量計で取水量を測定していなければ、事業プロセスごとの仕様や、排水処理設備の処理能力の仕様などから取水量を推定することになります。しかしながら、水は取水してから排水するまでの間で蒸発したり、排水を回収して同一の（あるいは別の）プロセスに再投入して循環させたり、

---

(36) 1年の合計値の記録に含まれる最初の日と最後の日が、報告対象年度の期首と期末の日と一致しませんが、例えば報告年度が4月1日から翌年3月31日までの期間であって、請求書には4月8日から翌年4月7日までの期間の流量が記載されているといった場合は、それらのずれ（4月1日と4月7日、3月31日と4月7日）の長さの差が著しいものでなく、それらのずれの期間中に取水量に影響する特殊な事象が起きているのではないかぎりにおいて、審査機関はこれらのずれを容認することがあると思われます。

プロセスに投入した水が製品のなかに含まれて出荷されたり、あるいは事業プロセスからの排水に雨水が加わったりするため、それらの要因を考慮したうえで取水量を充分に正確に推定することは一般にはかなり困難です。

それゆえ、報告企業が審査機関に対して工業用水の取水量に関する説得力ある証拠を提示するためには、積算流量計で取水量を測定することが望まれます。

② 追加的な審査手続と量の推定

審査機関は、積算流量計の測定値の記録の文書を閲覧するだけで工業用水取水量に関する手続を終えるのではなく、追加的な手続を行う場合があります。特に重要な事業拠点における往査での手続においてはそうである場合が少なくありません。

審査機関の追加的手続は、報告企業に対して業務のプロセス及びそのプロセスのどの部分でどの程度水を用いるかの説明、給水や排水の敷地内経路のダイアグラムの提示、排水処理設備の能力に係る規格や運用記録の提示などを求めることであったりします。これらの説明や提示された文書を、積算流量計の測定値の記録と比較しつつ、そこに記録されている値がほんとうに妥当な水準の値なのかということを評価するのです。

排水量を測定していない企業は少なくありません。

製造拠点であれば、工程排水や生活排水などが排水処理施設に取り込まれ、そこで浄化したうえで河川や海に排水されることが多いのですが、その排水が浄化されているゆえに環境負荷がないとみなされ、排水量を測定する必要がないと認識されるためです。

一方、BODやCOD、窒素、リンなどの水質汚濁物質の排出量に対して条例などによる排出規制が適用されている拠点においては、これらの物質の排出量を算定するために排水量を測定する必要がありますので、そういう拠点においては通常は排水量が測定されています。

排水量を測定していない拠点の場合、排水量を報告するためには、排水量を推定によって算定することになります。

取水量から蒸発量を控除し、雨水側溝に流入する雨水の量を加え、さらに製品や汚泥に含まれて出荷・排出される量を差し引いて排水量を算定する、ということは、理論上は可能ですが、排水量の推定に必要な蒸発量や雨水の量など加減する要素の量を推定することも容易ではありません。

このような場合は、ある特定の拠点においては、例えば上水の取水量の、予め定めておいた割合、例えば90 %の値の量をもって排水量とすることを指標の算定基準に定め、その算定基準に沿って排水量を算定する、といったことがあります。

ESG情報の審査は、報告企業の報告する指標が、その企業の定めた基準に基

図表3−1−4　推定により算定された値に対する審査の視点

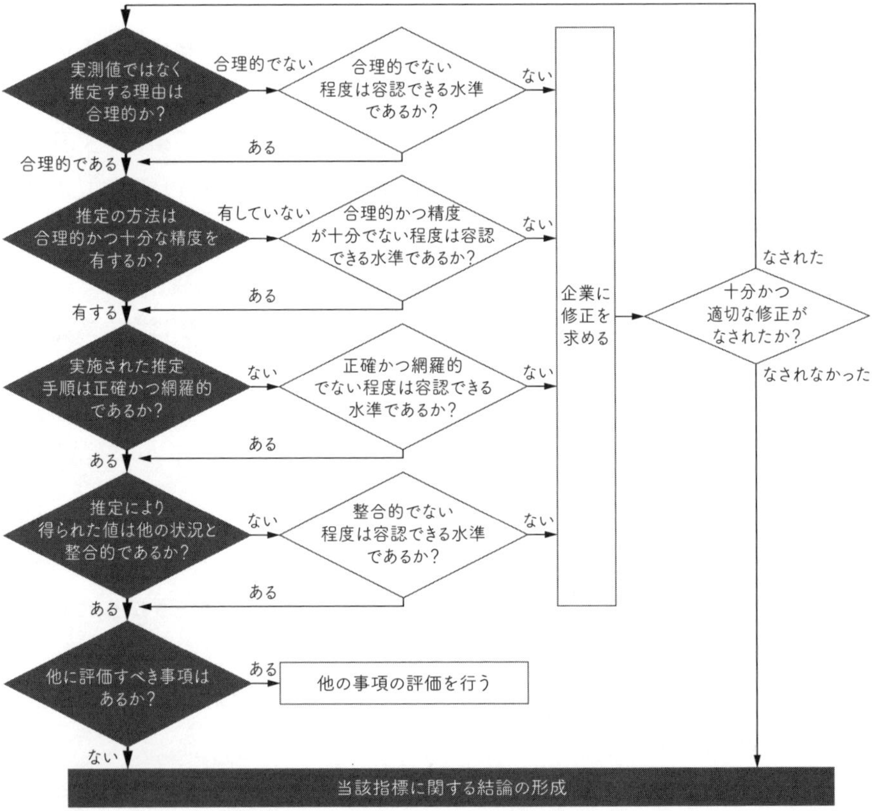

づいて算定され開示されているかについて調べるものです。その企業の定めた基準が、上水の取水量の90％の値をもって排水の量とする、と定められている場合、審査機関は排水量を調べる手続を実施するにあたっては、まず算定基

図表3－1－5　自社グループ拠点、サプライヤーの水リスク評価の例

【自社グループ拠点の水リスク評価】

自社グループ拠点	米国法人 （オレゴン州）	中国法人 （福建省）	インド法人 （アッサム州）
月平均水使用量	280千m^3	40千m^3	85千m^3
水リスク評価	大	中	大
リスク態様	干ばつによる操業停止	断水の頻発による品質悪化	水質の汚濁による制御コスト増加
財務的影響	最大200億円	最大100億円	最大50億円
発生可能性	中	小	大
関連製品	○○○	△△△	□□□
影響する顧客	ABC電機 ⋮	DEF工業 ⋮	LMN化学 ⋮
⋮	⋮	⋮	⋮

【サプライヤーの水リスク評価】

サプライヤー	アルファ社 （メキシコ）	ベータ社 （台湾）	ガンマ社 （マレーシア）
月平均水使用量	190千m^3	45千m^3	110千m^3
水リスク評価	大	小	中
リスク態様	干ばつによる操業停止	著しいリスクなし	水質の汚濁による操業遅延
関連製品・部品	○○部品	N/A	□□部品
影響する自社拠点	甲府工場	N/A	大分工場
影響する顧客	PQR産業 ⋮	N/A	XYZ機工 ⋮
財務的影響	最大250億円	N/A	最大50億円
発生可能性	中	N/A	大
⋮	⋮	⋮	⋮

準が著しく妥当性を欠くことがないか、ということを評価します。例えば、上水のみならず多くの工業用水あるいは井戸水も排水されているといった場合は、上水のみの90％をもって排水量とするという算定基準は妥当ではないと評価するかもしれません。審査機関はそのような評価をしたうえで、上水の取水量の値を調べ、その次に排水量として報告されている値が上水の取水量の90％に等しいかを調べます。

サステナビリティ報告書に記載されている指標に対する審査を受ける際には、必ず審査対象情報である指標の算定基準をサステナビリティ報告書上に（あるいはサステナビリティ報告書が示すウェブサイト上などに）記載することが求められます。上述の排水量のように、指標の値を推定する場合は、その推定方法を算定基準に明記することが必要です。

なお、上述の排水量の推定の例に関しては、排水量が上水の取水量の関数になっているわけですから、審査機関が排水量の信頼性を調べることは、事実上、上水の取水量の信頼性を調べることに等しいことになります。それでも、審査機関はその算定基準の妥当性をも評価しているという点において、サステナビリティ報告書の読者にとって価値ある手続を行っているといえます。

③　水リスクの評価

企業の業種によっては、多量の水を必要とする活動があります。

その会社は、事業継続の観点から水リスクの適切なコントロールを行うことが重要です。自社のどの拠点が水リスクの高い地域にあるか、水リスクが実現したら自社の事業にどの程度の影響が与えられるかを調べたうえで、回避・抑制などの適切な策を実施することが期待されます。

仮にその会社自らの拠点が水リスクの高い地域にないとしても、バリューチェーン上の一部が水リスクの高い地域にあれば、その水リスクが実現したときには、やはりその影響を受けることになります。それゆえ、自社の拠点だけではなく、バリューチェーン全体を俯瞰して、どこにどの程度の水リスクがあるのかを予め知っておくことが望まれます。

企業の取水量は、自社の水リスクの影響を評価するために必要な指標です。

また、自社が他社のバリューチェーン上にあるとき、その他社がバリューチェーンの水リスクを評価するに際して有用な指標です。さらに、排水が排水先の水域の水質を汚染することになれば、他者の水リスクを高めることになるため、その水質と排水量の情報は、サステナビリティ報告書からバリューチェーンの有効な継続の可能性を読み取りたい読者にとっては重要な指標です。

(4) 大気汚染物質

大気汚染物質の代表的なものには硫黄酸化物や窒素酸化物などがあります。

サステナビリティ報告書には、報告対象年の期間内に大気中に排出されたこれらの物質の重量が記載されることがあります。

①　硫黄酸化物排出量の算定方法と審査手続

排出された硫黄酸化物の重量の算定方法は主に 2 種類あります。

ひとつは排煙口からの排気中の硫黄酸化物濃度を測定し、その値に排気量を乗じて算定する方法です。

排気中の硫黄酸化物濃度の測定値は、測定時の濃度を表す値ではありますが年間を通じてずっとその濃度が一定に保たれるわけではありません。測定していない時の濃度は測定値とはいくばくかの乖離があるものと思われます。それゆえ、硫黄酸化物の排出重量をより正確に算定するためには、濃度の測定の頻度が大きいほどよいと考えられます。しかしながら、実際には排気中の硫黄酸化物濃度はさほどしばしば測定されることは多くなく、年に 1 回からせいぜい数回程度であることが多いと思われます。

濃度の測定回数が多くないために、ひとつの測定値が年間の硫黄酸化物排出重量に影響する度合いは大きいものとなります。例えば年に 1 回だけ濃度を測定している事業所では、その 1 回の濃度測定値に年間の総排気量を乗じて硫黄廃棄物排出重量を算定することになりますので、仮に、その 1 回の測定値が定常時の濃度としてはかなり高い、あるいはかなり低い値でたまたまあったとしたら、それを基に算定される年間の硫黄廃棄物排出重量は、おそらくは真実の値よりもかなり大きい、あるいはかなり小さい値となります。

硫黄酸化物の排出重量を算定するためのもうひとつの方法は、燃焼させた燃料（重油、天然ガスなど）に含まれる硫黄原子の重量から硫黄酸化物排出重量を算定する方法です。

排気中の硫黄酸化物は、燃料中に存在する硫黄原子が酸化して合成されたものです。それゆえ、報告年度内に燃焼させた燃料の中に含まれる硫黄原子のすべてが高温下で酸化して硫黄酸化物となって排気された、とみなすのです。

使用した燃料の成分表に硫黄濃度が記載されていれば、その燃料の中に含まれていた硫黄の重量[37]を求めることができます。硫黄酸化物の分子（SO_2。分子量約 64）[38]は同数の硫黄原子（S。原子量約 32）と比較すると 32 分の 64、すなわち 2 倍の重量[39]がありますので、燃料中に含まれていた硫黄原子の重量の 2 倍の値が、排気中に含まれていた硫黄酸化物排出重量ということになります。

排気中の硫黄酸化物濃度に排気量を乗じて硫黄酸化物排出量が算定されている場合、審査機関は、過去の測定値の記録の閲覧や集計責任者への質問などの手続をつうじて、算定された硫黄酸化物排出重量の値が真実の値から著しく乖離していることを示唆するなにがしかの証拠があるかを検討します。そのような証拠が見受けられず、算定された硫黄酸化物排出重量の値が真実の値から著しく乖離していることがなさそうとの心証を得られたならば、審査機関は、年に 1 回の測定値に年間の総排気量を乗じて硫黄酸化物排出重量を算定することが報告企業の算定基準に定められていることを確かめたうえで、硫黄酸化物排出重量の値がそのように算定され報告されている、という証拠を求めます[40]。

また、実際には年に複数回測定されていて、それらの測定値のうち恣意的に

---

(37) 厳密には質量が求められます。

(38) 実際には排気中には SO_2（二酸化硫黄）だけでなく SO（一酸化硫黄）や SO_3（三酸化硫黄）なども含まれますが、通常は SO_2 が最も多く生成するため、簡便のためすべての硫黄は酸化して SO_2 になったとみなします。

(39) 厳密には質量です。

(40) 仮に、算定された硫黄酸化物排出重量の値が、真実の値から著しく乖離していることを示唆するなにがしかの証拠がある場合は、たとえ算定基準どおりに算定されていたとしても、審査機関は算定された硫黄酸化物排出重量を容認しないことがあります。

図表3−1−6　燃料中の硫黄重量から算定されたSOx排出量の審査手続例

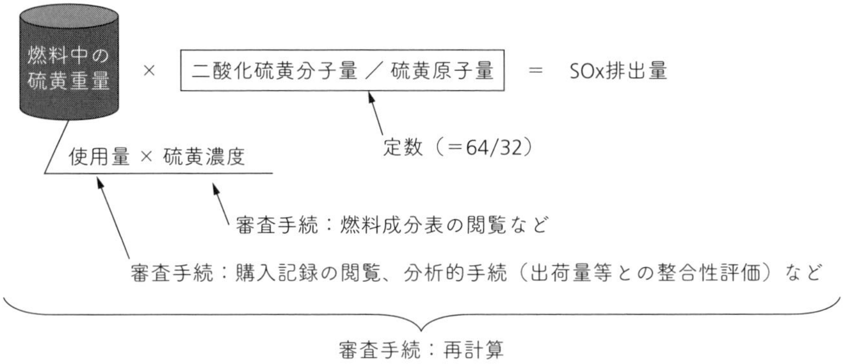

選ばれたひとつの測定値を基に硫黄酸化物排出重量の値が算定されているといったことがないか、濃度の測定値の記録はどれほど信頼できるものであるか[41]、といった観点からも、審査機関は様々な手法を用いて調べていきます。

次に、燃料に含まれる硫黄原子の重量から硫黄酸化物排出量が算定されている場合、審査機関は、燃料中の硫黄濃度や燃料の使用量などの記録情報に対して分析的手続を行い、必要に応じて燃料成分表の閲覧や再計算などの追加的な手続を行います。燃料の購入記録の中には成分表の伴っていない燃料の購入が含まれていたり、成分表に硫黄濃度データが記載されていなかったりすることがありますが、そのようなとき報告企業はその購入燃料の硫黄濃度を推定したうえで、硫黄酸化物排出重量を算定することになります。審査機関は、その推定が妥当かつ合理的であるかを評価します。

また、報告企業がばい煙発生施設等設置者に該当する場合は、硫黄酸化物排出量は公害健康被害の補償等に関する法律（公害健康被害補償法）に基づいて、汚染負荷量賦課金を独立行政法人環境再生保全機構に納付する義務があるので、納付のために汚染負荷量賦課金計算書を作成することになります。サス

(41) 環境計量士の所属する環境計量事業者が発行する計量証明書に記載された測定値は、一般に一定の証拠力ある文書とみなされますが、受審企業が自ら測定した値を自ら記録した文書である場合は、審査機関はその文書の信頼性を評価する手続を行います。

テナビリティ報告書に記載されている硫黄酸化物排出量の証拠（根拠資料）として報告企業から提示された集計表に記載されている硫黄酸化物排出量の値を調べるにあたって、審査機関はこの汚染負荷量賦課金計算書に記載されている硫黄酸化物排出量の値と、根拠資料に記載されている硫黄酸化物排出量の値とを照合することもあります。

②　窒素酸化物排出量の算定方法と審査手続

窒素酸化物は、燃料が燃焼する際に発生する熱によって空気中の窒素や燃料に含まれる窒素が酸化して生成されます。空気中の窒素が酸化して生成された窒素酸化物が含まれますので、硫黄酸化物排出量の算定のように、燃料中の窒素の重量のみからは排気中の窒素酸化物の重量を算定できません。

窒素酸化物の排出量は、多くの場合、燃焼炉からの排煙中の窒素酸化物濃度を計量し、それに排気量を乗じて算定されます。排気中の窒素酸化物濃度は報告企業自らの計量計で継続的に自動計量されていることもあり、環境計量事業者がある時点での窒素酸化物濃度を測定し、計量証明書にその値を記載して報告企業に報告することもあります。後者の場合、実測値ではなく酸素濃度換算[(42)]された後の値が記載されていることが多いので、注意が必要です。窒素酸化物排出量を算定する際に用いるべき窒素酸化物濃度は実測値（酸素濃度換算する前の値）です。

審査機関は、排気中の硫黄酸化物濃度を基に算定された硫黄酸化物排出量を対象とした手続と同様に、報告企業から提示された窒素酸化物濃度と排気量の記録情報に対して分析的手続を行い、必要に応じて計量証明書と照合し、再計算などを行います。

---

(42) 日本では、窒素酸化物濃度に係る規制値は、排気中の酸素濃度が特定の値（On：規制対象施設の種類ごとに定められた値（%））であるときを基準に定められています。それゆえ、環境計量事業者は窒素酸化物濃度の測定の際には同時に排気中の酸素濃度も測定し、窒素酸化物濃度の実測値を、酸素濃度Onをもって換算したうえで計量証明書に記載します。換算式は　（酸素換算後の窒素酸化物濃度）＝（窒素酸化物濃度の実測値）　×(21 − On)/(21 − Os)　ただしOsは排気中の酸素濃度（%）。

(5) 水質汚濁物質

水質汚濁物質の代表的なものには　BOD、COD、りん、窒素があります。

多くの場合これらの濃度や重量の情報は、環境計量士の在籍する環境計量事業者が測定して発行する計量証明書に記載されている値をもとに算定されます。

これらの水質汚濁物質の排出量は、計量証明書に記載されている排水中の水質汚濁物質の濃度に、報告年度の排水量を乗じて算定されます。

審査機関は、窒素酸化物排出量に対する手続と同様に、報告企業から提示された水質汚濁物質濃度と排水量の記録情報に対して分析的手続を行い、必要に応じて計量証明書と照合し、再計算などを行います。

大気汚染物質に対する審査手続のところでも述べましたが、水質汚濁物質の濃度は、報告企業が自ら連続測定していることはあるものの、多くの場合は、環境計量事業者あるいは報告企業自らが年に数回の測定を行っています。これら測定値のなかに定常時の濃度としてはかなり高い、あるいはかなり低い値のものがあったとしたら、それを基に算定される年間の水質汚濁物質の排出量は、真実の値よりもかなり大きい、あるいはかなり小さい値となってしまうかもしれません。

それゆえ、審査機関は、過去の測定値の記録の閲覧や集計責任者への質問などの手続をつうじて、算定された水質汚濁物質の排出量の値が真実の値から著しく乖離していることを示唆するなにがしかの証拠があるかを検討します。そのうえで審査機関は、報告企業の算定基準に定められているとおりに水質汚濁物質の排出量の値が算定され報告されている、という証拠を求めます。

ただし一方で、報告企業が期待していたよりもずいぶん大きい値の濃度が測定された場合（規制値を超えている場合など）に、偶発的に発生した異常値（非定常の値）であると報告企業がみなしたために、これが記録文書に記載されていない、ということを審査機関が発見することが珍しくありません。

これは、そのような値の記載された計量証明書が計量証明書ファイルフォルダに綴じられているにも拘わらず、その値が記録されていない集計表を審査機関が閲覧することで発見されたりします。

このように測定された値を記録せずに無視してしまうことは、報告企業にあっては然るべき根拠をもって説明できるのであってほしいですが、そうでなければ報告企業にとって大きなリスクとなりえます。社外の人あるいは社内の別の部署の人からみれば、意図的な隠蔽と区別がつかないからです。

それゆえ審査機関は、そのような値を非定常の値とみなした根拠を報告企業の集計責任者に訊ね、報告企業の主張する根拠が妥当かつ合理的であるかを評価します。

いずれにせよ、測定した値を非定常の値とみなして無視するとしても、測定値を記録文書に記録しないことはリスク管理の上で好ましくありません。その測定値を記録したうえで、これを非定常の値とみなす、と集計責任者が判断したことも記録しておくのがよいでしょう。

2 社会パフォーマンス指標

(1) 休業災害度数率、強度率、疾病度数率

休業災害度数率は、労働災害のうち被災者の1日以上の休業を伴った災害（休業災害）の頻度を表す指標であり、通常は延べ労働時間100万時間あたりの休業災害被災者数で表します。

図表3－1－7　休業災害度数率

$$\text{休業災害度数率} = \frac{\text{被災者の1日以上の休業を伴った災害（休業災害）の被災者数（人）}}{\text{延べ労働時間（時間）}} \times 100\text{万}$$

ESG情報の審査においてこの指標を対象とする手続を行う場合は、休業災害被災者数に対する手続と延べ労働時間数に対する手続とをそれぞれ行うことになります。

多くの企業においては、労働災害が発生したら、予め定められた様式の労働災害報告書が作成されます。報告企業はその報告書をもとに被災者数を数えますので、審査機関は被災者数を調べるために、報告年度内に発生した労働災害に係る労働災害報告書を閲覧することが多いと思われます。

被災者数は整数であって、別の単位に換算したりしませんし、また、その数を推定によって算定することもなく、しかもたいていの場合は一けた、多くても二けたの整数であるので、これらのことから、報告企業の集計においてもまちがえようがなく、審査機関がこれを調べるのは極めて容易であると思われがちです。けれども、審査機関は慎重に次のような観点から算定基準を調べていきます。

図表3−1−8　審査機関が休業災害に関する算定基準を調べる観点の例

1. 休業災害の発生日は、何の事象をもって認識しているか。
☐ 災害の発生した日
☐ 休業の発生した最初の日
☐ 社内の災害報告書の作成日
☐ 災害報告が社内の安全委員会に報告された日
☐ 労働災害に認定された日
⋮
2. 休業が2つの異なる報告期間をまたいでいる場合であって、報告年の初日よりも前の時点で発生し、かつ報告年の初日以降にも休業が続いている場合は、報告年に休業災害が発生したものと認識するか。
☐ 報告年に休業災害が発生したものと認識されている。
☐ 報告年の前の年に休業災害が発生したものと認識されている。
☐ いずれの場合も存在しており、認識は統一されていない。
⋮
3. 報告企業の被災者のほか、以下のうち数えることになっているものはどれか。

□　報告企業のグループ企業の被災者
□　構内協力会社の被災者
□　社員食堂の被災者
⋮
4. フルタイムの正社員のほか、以下のうち数えることになっているものはどれか。
□　取締役
□　契約社員
□　派遣社員
□　パートタイム社員
⋮

休業災害の発生日は、何の事象をもって認識しているか（災害の発生した日であるか、休業の発生した最初の日であるか、社内の災害報告書の作成日もしくは報告日であるか、労働災害認定に記録された日であるかなど）。

休業が2つの異なる報告期間をまたいでいる場合（報告年の初日よりも前の時点で発生し、かつ報告年の初日以降にも休業が続いている場合、あるいは報告年の最終日以前に発生し、報告年の最終日が経過しても休業が続いている場合）は、報告年内における休業災害と認識するか。

報告企業のグループ企業あるいは構内協力会社（社員食堂などの運営を受託している会社を含む）などに所属する被災者は数えることになっているか。

フルタイムの正社員ではない人（取締役、契約社員、派遣社員、パートタイム社員など）は数えることになっているか。

他社からの出向者は数えることになっているか。

図表３－１－９　災害のための休業が報告期間をまたぐケース

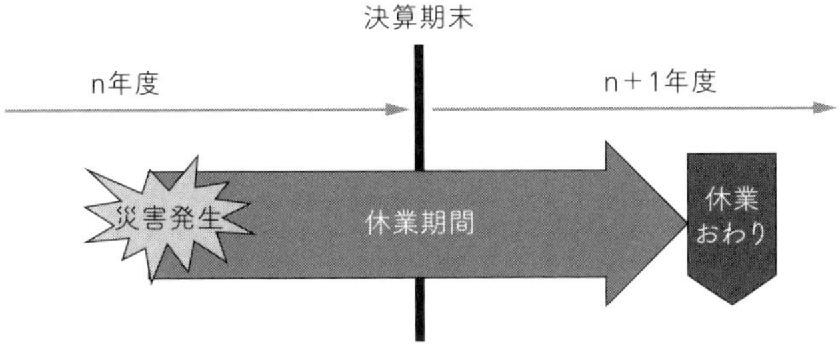

これらの算定基準は、よほどの極端な定めでない限りは、どうあるのが適切で、どうであれば不適切ということはありません。何を数えて何を数えないということが報告企業自らによってきちんと定められていて、すべての拠点においてその定めどおりに数えられている、ということが必要です。

審査機関は、これらの算定基準を確かめたのち、被災者数の記録を報告企業から提示してもらい、実際に算定基準に従って数えられたかについて、集計責任者への質問や労働災害報告書の閲覧などの手続を行います。

報告企業がグループ内の各拠点から年間（あるいは四半期ごとなど）の被災者数の報告を受けることになっている場合、「労働災害があった場合はその件数を報告すること」という指示がなされていることがしばしばあります。労働災害が極めて頻繁に発生しているのでなければ、災害件数（被災者数）の記入欄の多くが空欄となります。審査機関がこの災害件数（被災者数）の集計表を閲覧したときには、ゼロ件と報告されているのか、報告がなされていないのかの区別がつかないために、この文書の証拠力を十分なものと認めない、ということが起こりえます。

ゼロ件の場合は、ゼロと報告を求めることが肝要です。

図表3－1－10　ゼロ人の報告であるのか報告がもれているのか判別のつかないケース（丸囲み箇所と矢印の箇所）

○○事業所第2工場

災害があれば件数と人数を記入してください。

部課名	労働災害件数	うち休業人数
製造第1部		
製造第2部	3	
製造第3部		
生産管理部		
品質管理部		
出荷検査部	1	
…	…	…

？

次に、延べ労働時間数についてですが、これは企業や拠点によって把握のしかたが異なっています。電子的なタイムカードによって構内への入場や退場が自動的に記録され、その記録に基づいて日々の労働時間数が自動的に算定される方法、あるいは個人ごとの時間外勤務申請に従って時間外労働時間を合算し、個人ごとの休暇取得申請に従って休暇取得時間数を控除し、それらを所定勤務時間に加算する方法などがあります。

延べ労働時間数に対する審査手続としては、審査機関は、例えば拠点ごと、月ごとの従業員１人あたりの労働時間数の算出を試みるなどの分析的手続を行います。例えば、休業災害被災者数には契約社員数を含めることにしている報告企業があったとしましょう。その企業が集計した労働時間数を基に、ある拠点の従業員（契約社員を含む）１人あたりの労働時間を審査機関が算出してみると、他の拠点に比べて１人あたり労働時間の著しく小さい値が得られたので、さらに調べてみるとその拠点の労働時間数には契約社員の労働時間が含まれていなかった、ということが判明したりします。このように、休業災害度数率の分子である休業災害被災者数を数える範囲と、分母である延べ労働時間数を数える範囲とが一致しない、という不具合は、しばしば見受けられます。

強度率、疾病度数率に対する審査手続は、上述の休業災害度数率に対する手続とほぼ同様です。

(2) 障害者[43]雇用率

わが国の生産年齢人口割合が減少の一途をたどっていることはすでに述べたとおりです。より高い価値の創造のために欠かせない優れた人材の確保がますます困難になってゆく状況下、これまで十分に活用されてこなかった潜在労働力として、女性や障害者あるいは高齢者のさらなる活用が、企業の競争力維持向上のために期待されています。

わが国で障害者の雇用の促進等に関する法律（障害者雇用促進法）が制定された 1960 年頃は、必ずしも国の人口構成の歪みによる労働力不足が声高に叫ばれていた時代ではなく、そのため同法は潜在労働力の顕在化を促進するという趣旨で制定されたものではありません[44]が、企業による障害者の雇用が促進され維持され、以て労働力不足の緩和に向けて多様性向上への企業の対応に資するものとなっていることは異論のないところでしょう。

障害者雇用促進法は、一定要件を満たす事業主に対して法定雇用障害者数を下回らない数以上の障害者を雇用する義務を課しています[45]。法定雇用障害者数は、事業主の雇用する労働者の総数に法定障害者雇用率[46]を乗じて算定されます。民間企業に適用される法定障害者雇用率は、2021 年 3 月 1 日に、それまでの 2.2 ％から 2.3 ％に引き上げられました。

サステナビリティ報告書に記載される障害者雇用率は、報告企業の多様性へ

---

(43) 本書では、法律の名称や条文に倣ってこの漢字を充てています。

(44) 障害者雇用促進法第1条には「この法律は、障害者の雇用義務等に基づく雇用の促進等のための措置、雇用の分野における障害者と障害者でない者との均等な機会及び待遇の確保ならびに障害者がその有する能力を有効に発揮することができるようにするための措置、職業リハビリテーションの措置その他障害者がその能力に適合する職業に就くこと等を通じてその職業生活において自立することを促進するための措置を総合的に講じ、もつて障害者の職業の安定を図ることを目的とする。」と謳われています。

(45) 同法第 43 条 1 項に定められています。

(46) 同法第43条2項においては、法定障害者雇用数を算定するための指標を政令で定めることが謳われており、その政令で定める指標の名称が「障害者雇用率」と称されています。しかしながら、企業の雇用している障害者数が企業の雇用している労働者の総数に占める割合のことをもって広く一般には「障害者雇用率」と呼ばれている実態を考慮し、同法の法定障害者雇用数を算定するために政令で定める指標である「障害者雇用率」を、本書においては「法定障害者雇用率」と呼ぶことにします。

の対応能力の指標というよりも、現時点では法遵守の状況を示す指標と捉えられている感があります。障害者雇用促進法に定める雇用義務の基準値は「法定雇用障害者数」であって、「法定障害者雇用率」ではないのですが、サステナビリティ報告書では（法遵守の状況を示す指標として）「障害者雇用数」ではなく「障害者雇用率」がしばしば記載されています。これは、企業の雇用する労働者の総数の変動に伴って法定雇用障害者数も変動するものであり、また、法定雇用障害者数は企業ごとに異なるために、法遵守の状況を企業間で比較することが容易ではないことが背景にあるものと考えられます。

さらに、障害者雇用率が法定障害者雇用率[47]を下回った場合に、同法の定める障害者雇用納付金の納付の義務[48]が発生することから、企業の障害者雇用率を法定障害者雇用率と比較する慣習が定着し、それゆえに障害者雇用率の指標が法遵守の状況を示す指標としてサステナビリティ報告書に記載されるようになったものと考えられます。

企業がサステナビリティ報告書に記載する障害者雇用率の算定方法は、企業によって異なります。

障害者雇用促進法の適用を受ける事業者は、毎年、障害者の雇用状況を所定の報告書様式（障害者雇用状況報告書）にまとめて、本社所在地を管轄するハローワークをつうじて厚生労働大臣に提出することが求められます[49]。この報告書には毎年6月1日時点の常用雇用労働者の数[50]と事業主の雇用する障害者数[51]の合計、ならびに後者の前者に占める割合（「実雇用率」）が記載されることになっています。この「実雇用率」を障害者雇用率としてサステナビリティ報告書に記載している企業があります。

3月31日を決算期とする企業が、この「実雇用率」を障害者雇用率とする場

(47) 厳密には障害者雇用促進法において障害者雇用納付金の納付の義務を定めている第54条で言及されているのは「基準雇用率」という名称の指標であり、「法定障害者雇用率」とは異なるのですが、実質的に「法定障害者雇用率」とほぼ同一です。
(48) 同法第53条1項、同条2項に定められています。
(49) 同法第43条7項に定められています。
(50) 正確には「法定雇用労働者の算定の基礎となる労働者の数」と表記されています。
(51) 正確には「常用雇用身体障害者、知的障害者及び精神障害者の数」と表記されています。

合は、報告対象年度の期末（3 月 31 日）の約 2 か月後である同年 6 月 1 日時点の値をサステナビリティ報告書に記載することが多くみられます。この 6 月 1 日は報告対象年度の範囲の外の日付であり、その意味で他の記載情報との不整合が生じますが、一方で、サステナビリティ報告書の発行日（の前であって、それ）に最も近い 6 月 1 日ですので、報告企業にとっては、報告対象年度中の 6 月 1 日時点の値を報告するよりも新しい情報を報告できるメリットがあります。

また、上記とは別に、障害者雇用促進法の適用を受ける事業者は、毎年独立行政法人高齢・障害・求職者雇用支援機構理事長宛に障害者雇用納付金申告書を提出することも求められています。この申告書には申告対象年度の各月の初日時点において事業主の雇用する労働者の数(52)とその 12 か月分の合計数を記す欄があり、また、同じく申告対象年度の各月の初日時点における事業主の雇用する障害者数(53)とその 12 か月分の合計数を記す欄があります。後者（12 か月分の合計数）の前者（12 か月分の合計数）に占める割合をもって障害者雇用率としてサステナビリティ報告書に記載している企業もあります。

これを障害者雇用率とする場合は、サステナビリティ報告書に記載される障害者雇用率の指標が報告対象期間のデータのみから算定されるため、同報告書上の他の記載情報との（報告対象期間に係る）整合性が保持されますが、厚生労働大臣に提出した障害者雇用状況報告書に記載されている実雇用率と若干異なる値になってしまうことが起こりえます。

審査機関は、いずれの値を障害者雇用率としているかを報告企業に訊ね、それに応じて、報告企業が作成した障害者雇用状況報告書もしくは障害者雇用納付金申告書、あるいはその両方を閲覧します。また、必要に応じて報告企業の雇用する労働者及び障害者のリストの提示を求めます。

障害者雇用率の指標は、他の指標との相関が弱いため、審査においては一般に分析的手続はあまり有効ではありません。

(52) 正確には「法定雇用障害者数の算定の基礎となる労働者の数」と表記されています。
(53) 正確には「身体障害者、知的障害者及び精神障害者の合計数」と表記されています。

(3) 従業員数

規模の異なる複数の企業（あるいは企業グループ）の属性や成績を比較するときに、従業員１人あたりの値を算出して、それで比較する、ということがしばしば行われます。

それゆえ、従業員数の指標が信頼できるものであることは非常に重要です。

休業災害度数率、強度率、疾病度数率の項で、被災者数について述べたのと同様なのですが、従業員数は整数であって、別の単位に換算したりしませんし、また、その数を推定によって算定することもありません。なにより、温室効果ガスなどのように目にみえないものではなく、はっきり目でみて数えられます。ひとりひとりに名前があるので区別も容易です。それゆえ、この指標も報告企業の集計においては間違えようがなく、審査機関がこれを調べるのは極めて容易であると思われがちです。

しかしながら、従業員数という指標はそれほどシンプルな指標ではありません。

報告企業が従業員数を集計する際に、まず留意すべきこととして、だれを数えるのか、ということがあります。

もちろん従業員を数えるのですが、その従業員とはどういう人か、ということです。

- 取締役は数えるのか。
- 執行役員は数えるのか。
- 取締役を兼ねている執行役員はどうか。
- 親会社の従業員である人が子会社の取締役に就いている人は数えるのか。
- グループ会社の従業員が同じグループ内の別会社に出向している場合は、出向元で数えるのか、出向先で数えるのか。
- グループ会社の従業員がグループ外の別会社に出向している場合は、数えるのか。

・グループ外の会社の従業員がグループ内の会社に出向している場合は、数えるのか。
・契約社員、パートタイム従業員は数えるのか。

図表3−1−11　従業員として数える人の定義表の例

属性	数える	数えない
取締役		✓
執行役員	✓	
取締役兼執行役員	✓	
親会社の従業員兼子会社の取締役	✓	
グループ会社からの出向者		✓
グループ会社外からの出向者		✓
グループ会社への出向者	✓	
グループ会社外への出向者	✓	
契約社員	✓	
パートタイム従業員	✓	
派遣社員		✓
嘱託社員	✓	
⋮	⋮	⋮

審査機関は、審査手続を開始するにあたって、まず上記のような数えるべき「従業員」の定義を報告企業に訊ね、明らかにします。

集計の基になる従業員数のデータは、人事部が把握しているペイロールなどのリストであることが多いのですが、親会社は子会社関連会社（グループ会社）の従業員を把握していないことも多く、グループ会社から定期的に電子メールなどで従業員数の報告を受けている場合もあります。

親会社がグループ会社から従業員数の値の報告を電子メールなどで受けている場合は、上述のような「定義」どおりに従業員が数えられているのかを、審査機関は調べることになります。例えば、定義ではグループ外の会社からグループ内の会社に出向している人を数えないことになっている場合は、グループ外の会社からグループ内の会社に出向している人として把握している人（数えていない人）は何人いるか、といったことを訊ねたりします。このことをつうじて、定義にあてはまらない人を定義にあてはまる人と区別する管理が存在して運用されているか、を評価するのです。

従業員数に数えるべき人の定義が異なるために、企業の連結従業員数のほうが、子会社の従業員数よりも少ない、ということが発生した例があります。

図表3−1−12　連結従業員数が子会社の従業員数よりも少ない例

会社	従業員数
ABC 株式会社（連結）	206,323 人
abc 株式会社（ABC 株式会社の子会社）	214,083 人

その事例においては、同一の時点において、親会社は、子会社の報告する従業員数よりも少ない数を連結従業員数として報告していました。

親会社と子会社において、従業員に数える人の定義が同一であったならば、親会社の連結従業員数が子会社の従業員数よりも少ないということは起こりえません。それゆえ、これは数えるべき従業員の定義が連結従業員と子会社の従業員とでは異なっていたものと推察されます。

どちらが正しいとかどちらが誤っているということではなく、従業員数という指標は定義のしかたによってその値が大きく異なることがある、ということです。それゆえ、従業員数の指標を読者が評価する際には、その定義をよく理解したうえで読み取ることが望まれます。

有価証券報告書にも従業員数が記載されています[54]。

---

(54) 有価証券報告書の財務諸表は会計監査人による監査手続の対象情報（主題情報）ですが、従業員数の指標は会計監査人による監査手続の対象情報ではなく、然るべき監査基準に則った手続は行われていません。

サステナビリティ報告書に記載され審査を受けた従業員数の値が、有価証券報告書に記載されている従業員数の値と異なる事例もあります。

図表3－1－13　連結従業員数の報告が報告書ごとに異なっている例

報告書名	連結従業員数	従業員の定義の記載
有価証券報告書	33,554人	従業員数は就業人員を対象としている。
統合報告書	35,329人	本籍会社が当該企業グループにある正社員・契約社員と派遣社員の年度末の在籍人員数。グループ外への出向者を含み、グループ外からの出向受け入れ者を含まない。

上記は、ある上場会社の2020年3月31日時点の連結従業員数の記載を比較したものですが、有価証券報告書に記載されている連結従業員数と統合報告書のそれとを比較すると、後者のほうが1,700人あまり多くなっています。統合報告書では正社員、契約社員に加えて派遣社員も数えられている点が特徴的です。なお、この会社は有価証券報告書及び統合報告書において、これらの従業員のそれぞれの報告書における定義を明瞭に記載しています。

多くの場合においては、決算期末時点の従業員の数が集計され報告されます。

日本の企業においては4月1日に多くの新入社員が入社し、この一日で従業員数が急に増加するという現象が起きます。3月決算の企業の場合、報告対象年度の期末（3月31日）時点に比べて、その翌日の4月1日には多くの新入社員が在籍することになります。このような場合、サステナビリティ報告書の発行される時点における状態により近いということから、3月31日ではなく4月1日時点の従業員数を敢えて選択して集計し、報告する企業もあります。この場合審査機関は、従業員数は報告対象年度の範囲外の時点における指標であるので、その旨を算定基準や注記等でサステナビリティ報告書上に説明することを報告企業に求めることがあります。

規模の異なる企業同士を比較するときなどに、従業員1人あたりの値をもって比較することがしばしばあります。それゆえ従業員数の指標には高い信頼性が求められます。

（4）女性管理職者比率

前項で従業員数を数えることが容易ではないことを述べていますが、女性の管理職である従業員を数えることはさらに困難が大きいものとなります。

図表3－1－14　女性管理職者比率

$$女性管理職者比率（\%）=\frac{管理職者のうち女性である人の数（人）}{管理職者の総数（人）}\times 100$$

その原因は、ひとつに「管理職」の定義がグループ内で統一されていないことです。

多くの企業グループにおいて、役職名がグループ会社ごとにまちまちで統一されていないことが見受けられます。

部長、次長、課長、係長といった役職名を用いているグループ会社もあれば、ディレクタ、マネジャー、エキスパート、チーフといった役職名、あるいは参事、グループ長、主事、責任者、主任といった役職名を用いているグループ会社もあったりします。グループ会社ごとに使用している役職名が異なるので、どの役職の人を管理職とするか、ということを役職名で一律に表現できないのです。また、同一の役職名を用いているグループ会社であっても、例えば係長を管理職とする会社としない会社とがあったりします。

そうなると、役職名を用いずに抽象的に管理職を定義しようと試みることになりますが、たいていの場合、困難極まる試みになります。定年退職後に再雇用されて部長職に就いている人を管理職とみなす会社とみなさない会社があるなど、管理職という概念は、わかりきっているようにみえて、実は会社によって様々に理解されています。また、出向元で非管理職の職位に就いている人がグループ内の出向先で管理職の職位に就いている場合などは、その人を管理職者とするかどうかが判然としなかったりします。

管理職とは何か。

禅問答のような問いとともにふりだしに戻ることになります。

役職名を用いずに抽象度の高い表現で管理職の基準を定めてもうまく機能しません。そうなると、個々のグループ会社ごとに固有の役職名のうち、グループ会社ごとに具体的にどの役職を管理職とするかを決めていくことになります。

しかしながら、グループ内のどの会社のどの役職名を管理職とする、ということを総合的俯瞰的に決定する権限をもっている人が通常はいないため、またも試みは暗礁に乗り上げます。

このように、管理職者の数を数えることは多くの場合において実に困難です(55)。

図表3－1－15　グループ内の管理職者の定義におけるジレンマ

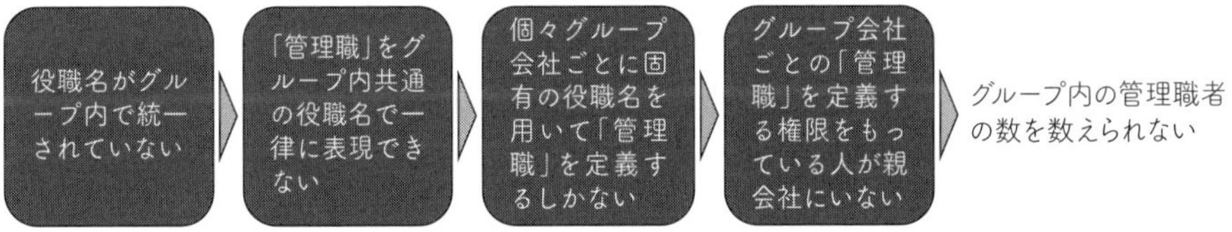

困難を乗り越えて管理職を定義し、グループ内の管理職者を特定(56)できたら、次はその中の女性の人を特定することが必要です。世界の一部の地域では従業員の性別の情報を、雇用者である企業が把握していないことがあります。そのような場合には、女性管理職者を数えることができません。ただし、そのような例はさほど多くはないもようです。

性別を把握されていない人の数が少なければ、管理職者のうち女性であることが判明している人のみを数えて、管理職者の総数（あるいは管理職者の総数から性別の把握されていない人の数を控除した数）で除することで女性管理職比率を算定します(57)。

(55)　役職名とは別に、グループ内の全企業共通の階級番号をもっている企業グループがあります。そのような企業グループであれば、何級以上を管理職とする、といった定義が容易です。

(56)　グループ内共通の定義を定めることをせずに、個々のグループ会社の固有の定義をもって、個々のグループ会社の管理職者を特定してゆくといったことも考えられます。

職位、職歴、生年月日、性別、住所、扶養家族など、従業員ごとの属性情報は、通常は企業の人事情報としてデータベース化されています。従業員数の項で述べたのと同様、集計の基になる従業員数のデータは、多くの場合人事部が把握しているペイロールなどのデータベースに記録されています。審査においては、受審企業の管理職の定義を確かめ、それが合理的であるかの評価をしたうえで、受審企業の集計結果とデータベース上の情報（特に職位と性別）とを照合してゆきます。

管理職の定義が必ずしも明確になっていないことはめずらしくありません。審査手続においては、管理職とそうでない従業員が集計責任者の恣意によって分類されていることがあるか、という点に留意しつつ、審査人は照合の手続をすすめてゆきます。

日本では、他の先進諸国と比較して女性管理職の比率が低いことがしばしば報告されています。2016 年のデータによれば、女性管理職者の割合は米国では 44 %、カナダは 36 %、英国は 36 %、ドイツは 29 %、フランスは 33 %、イタリアが 28 %であるのに対して、日本の女性管理職者は 13 %と報告されています[(58)]。

多様なものの見方が融合して昇華したときに新たな価値が創られるとするならば、経営者や管理職者が多様であることは、将来の経営環境の変化に対するレジリエンスの大きさを示唆するものといえそうです。逆に多様性の低い企業は、新しい価値を創造する機会の少ない風土をもっているとみなされるかもしれません。

また、人材の確保が容易ではない時期は今後も継続すると思われますが、まだ活用の余地があるとされている女性の労働力を十分に活用できる素地があるかという観点からの、企業評価に資する指標でもあります。

---

(57) この場合、サステナビリティ報告書においては、性別の把握されていない管理職者の数を明示したうえで、それが女性管理職比率指標の分子（あるいは分子と分母の両方）に含まれていないことを注記で示すことが望まれます。

(58) 独立行政法人労働政策研究・研修機構「2018 データブック国際労働比較」pp. 107–109

第2節

温室効果ガス排出量情報の審査

1　概要

(1) 温室効果ガス

ESG 情報のうちでも温室効果ガス[59]排出量の情報開示が最も進んでおり ESG 情報審査（保証業務）も広がっています。これは、温室効果ガスが増えていることが、地球温暖化や極端な気象現象の頻発といった気候変動と密接に関係していることや、その原因が人間活動にあるとされていることがニュース報道等によって広く認識されているからです。

温室効果ガスといっても多くの種類があります。代表的な二酸化炭素（CO_2）が全体の 4 分の 3 程度を占めます。ちなみに水蒸気も大きな温室効果を有する気体ですが、地球全体の水循環のなかで一定の範囲に保たれると考えられますので規制対象になっていません。

(2) 世界の状況

国際的には、国連主導で大気中の温室効果ガス濃度を安定化させることを目指した気候変動枠組条約（UNFCCC[60]）が 1992 年に締結、1994 年に発効されています。毎年初冬に条約を締約した国々による定期会合（COP）が開催されて取組みを加速させるべく活発な議論が行われています。また地球全体に及ぶ

(59) 温室効果ガスとは、次の7ガスを指します。二酸化炭素（CO_2）、メタン（CH_4）、一酸化二窒素（N_2O）、ハイドロフルオロカーボン類（HFC）、パーフルオロカーボン類（PFC）、六フッ化硫黄（SF_6）、三フッ化窒素（NF_3）（地球温暖化対策の推進に関する法律第 2 条）なお、HFC と PFC は具体的に政令で定められています。

(60) UNFCCC　United Nations Framework Convention on Climate Change

図表3－2－1　人為起源の温室効果ガス総排出量に占めるガスの種類別の割合

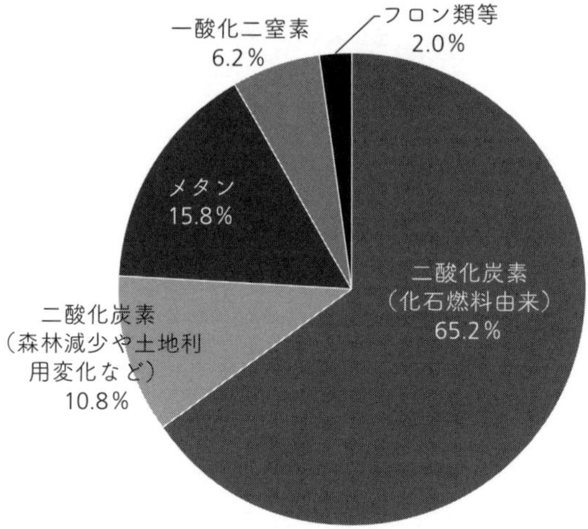

（出所：気象庁がIPCC第5次評価報告書より作成した2010年の二酸化炭素換算量での数値
https://www.data.jma.go.jp/cpdinfo/chishiki_ondanka/p04.html）

温室効果ガスのメカニズムに科学的な根拠を与えているのが、気候変動に関する政府間パネル（IPCC[61]）です。この作業部会には世界中の科学者が参加しており、その研究成果である評価報告書を数年おきに公表しています。

（3）温室効果ガスを削減する制度

こうした世界共通の方向性を具体化するために様々な制度や政策が各国・地域で導入されています。

代表的制度の一つ目は排出量取引制度です。最初に制度の対象者（企業）ごとに温室効果ガスを排出してもよい量（排出枠）を決めます。排出枠を超えてしまう企業は市場を通じて排出枠が余った企業から買いとるというスキームです。欧州の排出量取引制度（EUETS[62]）が有名ですが、米国でも一部州レベルの制度があり、中国でも2021年より全国レベルの排出取引制度が導入されま

（61）IPCC、気候変動に関する政府間パネル　Intergovernmental Panel on Climate Change
（62）EUETS、欧州連合域内排出量取引制度　European Union Emission Trading Scheme

した。

2つ目は炭素税です。いわゆる化石燃料（石炭、石油、ガスなど）に含まれる炭素は化学的に酸化する（燃焼する）と、二酸化炭素が大気中に排出されます。そこで炭素量に応じて課税するのです。

3つ目が温室効果ガス排出の状況を公表させる制度です。情報的手法といわれる政策手段です。温室効果ガス排出に対して直接的な規制が課せられるわけではないのですが、多量の温室効果ガスを排出する企業は持続可能性にリスクがあると判断されると、金融市場では十分な投資を受けられなかったり、商品・サービス市場では企業間の契約が思い通りにいかなかったりと、将来的なビジネスリスクが懸念されますので、間接的に温室効果ガスの排出を削減する圧力となるのです。

（4）日本の状況

日本でもこれらの制度化は進んでいます。排出量取引制度は東京都などが導入しています。炭素税も地球温暖化対策のための税として導入済みで段階的な税率の引き上げも完了しています。また本書で取り上げているESG情報審査に関連する情報開示についても根拠法がすでに整備されています。エネルギー管理は省エネ法[(63)]によって、また温室効果ガスの排出管理は温対法[(64)]によって、それぞれ規制されています。規制の対象となる企業では、各工場や事業所（いわゆるサイト）単位でエネルギー量や温室効果ガス排出量を算定し報告することが求められています。

特に大手企業では、機関投資家による世界的な情報開示イニシアティブであるCDP[(65)]や金融市場でのリスク情報開示を促すイニシアティブであるTCFD[(66)]への関心が高まっています。そのため初めてESG情報を開示したり、その審査を受けたりする場合には、まずは温室効果ガス排出量から始める企業

(63) 省エネ法、エネルギーの使用の合理化に関する法律
(64) 温対法、地球温暖化対策の推進に関する法律
(65) CDP、世界中の幅広い機関投資家の賛同を得て、気候変動など環境分野の情報開示を推進するNGO。旧称 Carbon Disclosure Project

が多くみられます。

2　温室効果ガス排出量情報の審査

（1）温室効果ガス排出源による分類

温室効果ガスは、GHG プロトコル[67]に従ってその排出源別に3つのスコープに分けられます。事業活動との関係でいえば、スコープ1、2は自らの事業活動と直接関連しますが、スコープ3は他社の事業活動によります。またスコープ2は他社が生産したエネルギーを購入（調達）して消費しますので、温室効果ガスは直接排出されません。すでに他社がエネルギーを生産する過程で排出されていますので、間接排出といいます。

（2）スコープ1（直接排出）、2（間接排出）

自らの事業活動におけるスコープ1、2の排出量に関してESG情報審査の対象となる情報（主題情報）には、様々なものがあります。もちろん温室効果ガス排出量総量が必要ですが、加えて温室効果ガスの排出源別の内訳として所在地（エリア）別や事業の種類（ビジネス）別の排出量などを開示する例があります。また成長段階にある企業では排出量総量を削減することが難しい場合があるため、売上高や従業員数など事業活動の規模に関係する変数と排出量とを組み合わせた原単位も多くみられます。さらに企業レベルでのエネルギー消費量と組み合わせた炭素集約度（＝温室効果ガス排出量／エネルギー消費量）も効率性を表す指標です。今後、再生可能エネルギーを積極的に利用する企業が増えてくると重要性を増してくるでしょう。

（66）TCFD、各国の財務省による金融安定理事会（FSB）傘下のタスクフォースで、気候変動関連リスクと機会の情報開示を促す。Task Force on Climate-related Financial Disclosures

（67）GHG プロトコルは、世界資源研究所（WRI）及び持続可能な開発のための世界経済人会議（WBCSD）によって設立されたイニシアティブによる基準であり、GHG（Green House Gas）、すなわち温室効果ガス排出量の算定と報告に関する世界でも最も標準的なガイダンスである。

図表3−2−2　スコープ分類と排出源イメージ

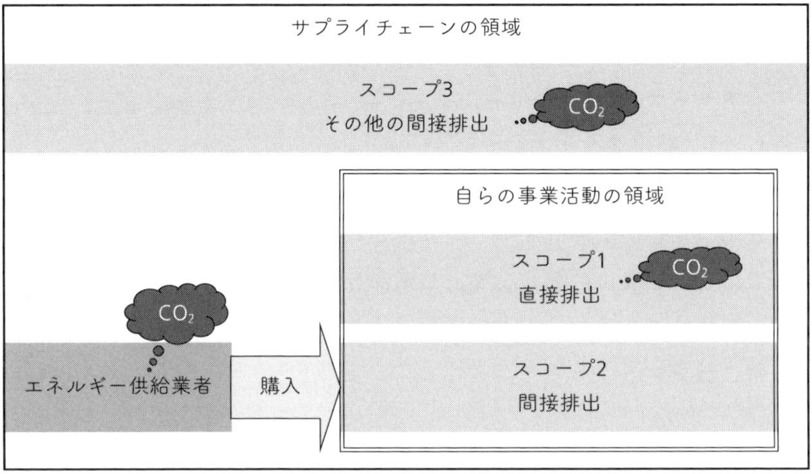

- スコープ1は、直接排出量です。企業等が自ら管理している排出源、例えば冷暖房用ボイラー、自動車、生産プロセスにおける燃料の燃焼などから直接的に排出される温室効果ガスです。燃料としては重油や軽油などの油類、都市ガスやプロパンガスなどのガス類が一般的です。
- スコープ2は、間接排出量です。企業等は、自らの事業活動において、他社のエネルギー（電気、熱）を購入（調達）して消費しますが、その他社がエネルギーを生産するときに間接的に排出される温室効果ガスです。
- スコープ3は、その他の間接排出量です。企業等の事業活動の外である、いわゆる上流や下流において他社が活動することによって間接的に排出される温室効果ガスです。

（出所：筆者作成）

スコープ1、2を算定するための規準、クライテリアは、国内の排出量を算定する場合、通常は省エネ法や温対法に定められた方法によっているため明確です。日本では一定の規模以上の事業所（サイト）においては、行政当局への報告義務があるため、適切に算定することが国レベルで統一されています。海外での排出量を算定する場合、その国で算定方法を定めた法令またはGHGプロトコルに従って算定します。このGHGプロトコルはスコープ1、2、3を定義している国際的な基準でもあります。スコープ1には、エネルギー起源のものと非エネルギー起源のものとに分けられます。それぞれのポイントについて見ていきましょう。

① エネルギー起源のスコープ1（直接排出）

エネルギー起源の温室効果ガス排出量はスコープ1に区分され、エネルギーの消費量に一定の排出係数を乗じて算定されます。これをエネルギー種類別に算定していき、最後に合算します。したがって、そのポイントは、エネルギーの種類を特定すること、排出源を網羅すること、適切な排出係数を選択すること、正確に計算することです。

スコープ1の温室効果ガス排出量＝エネルギー種類ごとの（エネルギー消費量×排出係数）の合計

一般的に燃料として使用されるものは、ガソリン（揮発油）、重油、灯油、軽油などの油類と、天然ガス（都市ガスなど）や石油ガス（プロパンガスなど）のガス類です。これらのエネルギーの種類は省エネ法で規定されていて、エネルギーの種類ごとの排出係数は温対法で規定されています。事業形態によっては石炭が使われることもあるでしょう。油類は通常は液体ですので、l（リットル）単位で計測されます。ガスは常温では気体ですので、m^3（立方メートル）単位で計測されますが、物流の利便性から液体燃料となっているLNG（液化天然ガス）やLPG（液化石油ガス）はt（トン）単位で計測されます。固体燃料である石炭もt（トン）単位です。省エネ法は属地主義(68)により国内の事業活動についてのみ適用されますが、エネルギーの種類については海外の事業活動におけるスコープ1を算定する際にも省エネ法の燃料分類を準用してほぼ間違いありません。

エネルギー起源のスコープ1を算定するポイントは、対象となるエネルギーの網羅性と換算等の算定の正確性です。

(68) 法律の適用範囲を自国領土内という、場所によって限定する考え方。

まず、対象となるエネルギーの網羅性とは、エネルギーを消費して温室効果ガスを発生させる排出源をすべて網羅しているかどうかのことです。主たるエネルギーは電力と都市ガスだけという非製造業の企業であっても、基本的には全てのエネルギーについて該当がないかどうかを網羅的に確認すべきです。例えば、社有車のガソリン消費量や非常用電源装置を定期的に起動させるための重油消費量などは、電子システム上で集計されないことが一般的でありスコープ1の対象から漏れてしまうことがよくあります。

次に、算定の正確性については排出係数を正しく選択することがポイントです。他のESG情報は発生量を単純に合算する指標が多い中で、排出係数を用いることは温室効果ガス排出量を算定する上での特徴となっています。排出係数には法令で定められているものや任意で計測して設定しているもの、あるいは重量、熱量などの単位換算に用いられるものなど複数の種類があり算定プロセスの様々な場面で登場します。よく使われる温対法には燃料種類別の発熱量と、その発熱量に応じた炭素量への排出係数が示されています。炭素への換算重量をそのまま用いると炭素（C＝12）と二酸化炭素（CO_2＝44）との分子量の違いから過少計上となってしまいますので、二酸化炭素への換算重量も示されています。

二酸化炭素への換算重量＝炭素への換算重量×分子量の補正44/12

なお、これらの排出係数は、燃料組成（純度）の違いによって換算される量に差異がありますが、許容できる誤差の範囲内にある近似値として係数が設定されています。

また物質は温度や圧力によって見た目の大きさが変化します。固体や液体ではそれほど大きな変化になりませんが、気体燃料であるガス類は体積が数パーセント程度も変動します。そのため標準状態[69]（ノルマル状態）といわれる一定の状態における体積（ノルマル立方メートル）に換算（単位表記はNm^3）します。都市ガスの請求書に記載されている使用量（m^3）はガス供給会社が独自

(69) 標準状態　気温0℃、1気圧（標準大気圧）=1バール（Bar）=101,325パスカル（Pa）の状態。

に設定した状態（例、気温15℃、1.02気圧）での値であることが多く、この体積（m^3）に係数0.967を乗じると標準状態の体積（Nm^3）に換算できます。

これらのポイントを踏まえて算定されたエネルギー起源の二酸化炭素（スコープ1の温室効果ガス）とは、結局、化石燃料等のエネルギーを酸化（燃焼）することによって生じます。エネルギーの消費量は企業の活動量（売上高等）と一般的に比例関係にあります。仮に活動量が増えているのにエネルギー起源の二酸化炭素排出量がそれほど増大していない（あるいは減少している）場合には、エネルギー効率が向上していることになります。ESG情報審査では、そうした効率改善が適切なのかあるいは何らかの誤りがあるのかを確かめるため、企業の経営計画や省エネ設備投資の実績等に照らしてみたり、担当者に合理的な理由を質問したりします。

② 非エネルギー起源のスコープ1（直接排出）

非エネルギー起源の温室効果ガスには、二酸化炭素以外に6種類が指定されています。それらのガスの温室効果の程度を二酸化炭素に換算するために、地球温暖化係数（GWP）が国際的に定められています。6種類のガスにはそれぞれ大きな温室効果があり、二酸化炭素の1万倍超の地球温暖化係数（GWP）となるガスもあります。

このように温室効果が大きい非エネルギー起源の温室効果ガスは、絶対量はそれほど大きくなくても地球全体の温室効果ガスの3分の1程度を占めます（図表3－2－1参照）。したがって、ESG情報審査では排出源を漏れなく調べることがポイントです。製造業であれば工業プロセスをよく理解することが大切となり、必要に応じて生産管理者や技術者に説明してもらいます。排出源は工場だけとは限りません。メタンや一酸化二窒素は生産工程のみならず廃棄物や燃焼からも発生することがあります。冷媒等に使用されるフロン類（HFCs）は、冷媒の交換時などに大気中に漏れ出すことがあります。実際の漏洩量の計測は困難ですので、機器に充填する量と回収された量との差を漏洩した量とみなして算定する方法がとられています。

図表 3−2−3　非エネルギー起源の温室効果ガス

規制対象の温室効果ガス	化学式	GWP	主な用途または発生源
非エネルギー起源の二酸化炭素	CO_2	1	セメント製造などの工業プロセス
メタン	CH_4	25	農業（家畜等）や廃棄物
一酸化二窒素	N_2O	298	物質の燃焼、肥料等
ハイドロフルオロカーボン類	HFCs	12〜14,800	冷媒（エアコン、冷蔵庫等）
パーフルオロカーボン類	PFCs	7,390〜17,340	半導体製造等の工業プロセス
六フッ化硫黄	SF_6	22,800	絶縁ガス等の工業プロセス
三フッ化窒素	NF_3	17,200	ディスプレイやフィルム等工業プロセス

（出所：温対法の対象ガス及び温室効果ガス排出量の算定・報告・公表制度の例示より作成）

③　スコープ 2（間接排出）

スコープ 2 は、企業が自らの事業活動において、外部から電気、熱（蒸気、冷熱を含む）を購入（調達）する際に、供給会社がエネルギーを供給するために排出する温室効果ガスです。スコープ 1 と同様にエネルギー種類別に算定して合算します。算定にあたってのポイントも同様で、エネルギーの種類を特定すること、排出源を網羅すること、二酸化炭素量に換算するための適切な排出係数を選択すること、正確に計算することです。

スコープ 2 の温室効果ガス排出量＝エネルギー種類ごとの（エネルギー消費量×排出係数）の合計

現代では電気を利用していない企業はないでしょう。電気事業者から購入する場合の排出係数は省エネ法と温対法に基づいて計算された値が毎年公表されます。登録されている電気事業者ごとに係数が異なりますので、事業所（サイト）で実際に契約している電気事業者の係数を用います。厳密には昼間買電と夜間買電によっても係数は異なります。火力発電割合など発電ミックスが影響しています。ちなみに固定価格買取制度（FIT）による各電気事業者は太陽光発電などの再生可能エネルギーを買い取って、企業や家庭に配電しています。この再生可能エネルギーからは温室効果ガスは発生しませんが、温室効果ガスが排出されないという環境的な付加価値を電気事業者の手柄にするべきではないとの考えから、実排出係数とは別に「調整後排出係数」が公表されています。ESG 情報開示では、発電会社でない企業は調整後排出係数を用いることが一般的です。なお、こうした詳細な電気事業者別の排出係数は海外サイトには適用されません。現地の法令等に則った排出係数を選択するか、国・地域別に提供される排出係数(70)（Emission Factor）を用います。その他によく目にする仕組みにグリーン電力証書があります。再生可能エネルギーによって発電では温室効果ガスはゼロないしほとんど排出されません。グリーン電力証書はこの温室効果ガスを排出しないという環境的な価値を購入して証書が発行されるものです。したがって追加的に電気を購入しているわけではありませんが、グリーン電力証書のようなエネルギー属性証明書がある場合、スコープ２に適用されるマーケット基準のヒエラルキー(71)にしたがって実質ゼロ排出係数を乗じて算定されます。

続いて熱です。地域で蒸気が供給されている場合、冷温水の供給を受けている場合などが該当します。それぞれの熱の使用量（J）ごとに温対法で定められた排出係数を乗じて算定します。本社では発生していないが、寒冷地の事業所や海外子会社の一部で購入している場合などに見落とされがちです。

（3）スコープ３（その他の間接排出）

①　スコープ３の意義

スコープ３は、企業等の事業活動の外である、いわゆる上流や下流において他社が活動することによって間接的に排出される温室効果ガスです。政府では企業自らの排出であるスコープ１、２とスコープ３とを合わせて、「事業活動に

---

(70) 国際エネルギー機関（IEA）『EMISSION FACTORS 2020 –DATABASE DOCUMENTATION』や公益財団法人地球環境戦略研究機関『IGES List of Grid Emission Factors』など

(71) GHG プロトコル『Scope2 Guidance』Table6.3 参照。なお、マーケット基準とは、エネルギー供給契約に基づく排出係数を適用する手法。

関係するあらゆる排出を合計した排出量」(72)（サプライチェーン排出量）として説明しています。

サプライチェーン排出量＝スコープ 1 排出量＋スコープ 2 排出量
＋スコープ 3 排出量

スコープ 3 には、企業の直接的な事業活動の上流にある①原材料調達、④物流や下流にある⑪販売した製品の使用、⑫廃棄など、一連の流れ全体から発生する温室効果ガス排出量が含まれます（番号は図表 3－2－4 に対応）。

図表 3－2－4　サプライチェーン排出量

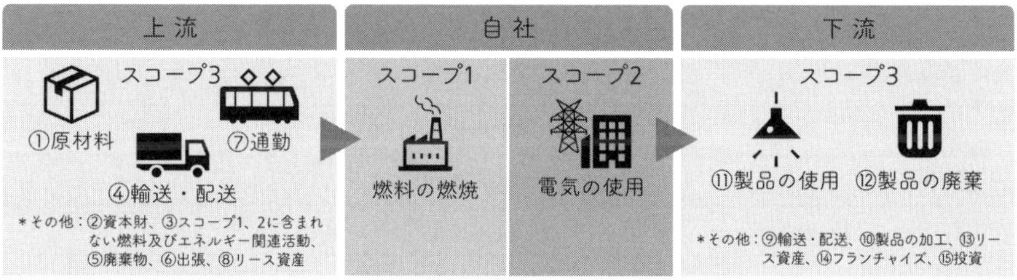

（出所：環境省、経済産業省『グリーン・バリューチェーンプラットフォーム』より加工）

② スコープ 3 のカテゴリ

このように幅広い範囲にわたるスコープ 3 は、国際的な基準(73)によって 15 のカテゴリに分類されています。

(72) 環境省、経済産業省『グリーン・バリューチェーンプラットフォーム』の「サプライチェーン排出量とは」より

(73) GHG プロトコル『Technical Guidance for Calculating Scope 3 Emissions（version 1.0)』

図表3−2−5　スコープ3のカテゴリ分類

スコープ3カテゴリ		該当する活動例
①	購入した製品・サービス	原材料の調達、パッケージングの外部委託、消耗品の調達
②	資本財	生産設備の増設
③	スコープ1、2に含まれない燃料及びエネルギー活動	調達している燃料の上流工程（採掘、精製等） 調達している電力の上流工程（発電に使用する燃料の採掘、精製等）
④	輸送、配送（上流）	調達物流、横持物流、出荷物流（自社が荷主）
⑤	事業から出る廃棄物	廃棄物（有価のものは除く）の自社以外での輸送、処理
⑥	ビジネストラベル	従業員の出張
⑦	雇用者の通勤	従業員の通勤
⑧	リース資産（上流）	自社が賃借しているリース資産の稼働
⑨	輸送、配送（下流）	出荷輸送（自社が荷主）、倉庫での保管、小売店での販売
⑩	販売した製品の加工	事業者による中間製品の加工
⑪	販売した製品の使用	使用者による製品の使用
⑫	販売した製品の廃棄	使用者による製品の廃棄時の輸送、処理
⑬	リース資産（下流）	自社が賃貸事業者として所有し、他者に賃貸しているリース資産の稼働
⑭	フランチャイズ	自社が主宰するフランチャイズの加盟者のスコープ1、2に該当する活動
⑮	投資	株式投資、債券投資、プロジェクトファイナンスなどの運用

（出所：環境省、経済産業省『グリーン・バリューチェーンプラットフォーム-Scope3 15のカテゴリ分類とは』より加工）

③　スコープ3のポイント

15のカテゴリに分類されています。業種業態によって該当するカテゴリと該当しないかほとんど関係ないカテゴリがありますので、カテゴリを適切に選択することは大切です。自らの事業活動を踏まえて、上流から下流に及ぶ一連の事業活動全体について検討します。モノづくり企業の方が比較的イメージしやすいかもしれませんが、⑬リース資産や⑮投資では金融業が意識されているようにサービス業についても当てはまります。いずれにせよ15のカテゴリすべてを対象にする必要はありません。

該当するカテゴリをできるだけ網羅的に選択する方が望ましいのですが、その他の間接排出であるスコープ3の算定には推定計算が避けられません。そこで算定式が実態にあっていて客観的に納得できるものか（妥当性、理解可能性）、算定の対象は主たる部分が含まれているか（網羅性）、必要なデータは入手可能で使われる係数に根拠があるか（正確性、検証可能性）などを確認します。推定計算とはいえ、当て推量ではなく算定式の考え方は合理的であると同時に必要なデータを容易に入手できるように組み立てられるべきです。環境省、経済産業省『グリーン・バリューチェーンプラットフォーム』ではカテゴリ別に複数の算定方法や各種の役立つ係数（排出原単位）のデータベースが提供されている(74)ので参考になります。

④　スコープ別の管理

スコープ1、2と3の性格、あるいはスコープ3内のカテゴリ同士の性格も異なります。本来は合算になじまないのですが、近年は合算することが増えています。SBT(75)でも削減対象とする温室効果ガス排出量はスコープ1、2、3の合算値です。これは排出源によるスコープやカテゴリは人間による便宜的な分類にすぎませんので、地球全体に温室効果をもたらすという作用は本来等しいという点が呼応した考え方といえるでしょう。

とはいえ、スコープ別の管理可能性の違いは明白です。企業にとってみれば、直接排出であるスコープ1は自らの事業活動と直接的に結びついています。簡単ではないですが、再生可能エネルギーに転換したり、業務プロセスを省エネ化したりすることによって削減できます。スコープ2は間接排出とはいえ、エネルギー消費量は概ね企業の事業活動と結びついていますので、排出量削減に向けた取組みを管理することができます。仮にエネルギー消費水準は同じままであっても二酸化炭素排出係数の小さな電力事業者を選ぶことで排出量

(74) 環境省、経済産業省『サプライチェーンを通じた温室効果ガス排出量算定に関する基本ガイドライン』
(75) SBT、Science Based Targets　パリ協定で合意した温室効果ガス排出量の水準を達成するため、各組織が科学的に整合した方法によって定めた温室効果ガス削減のための長期的目標。世界の先進企業や投資家によるWMB（We Mean Business）が運営している。

を削減することも可能です。

一方スコープ3はサプライチェーンの取引先等から排出される温室効果ガスであり、その削減対策を直接行うことはできません。もちろん、取引上の強い立場にある企業は、取引先に対して強く要請をすることが可能なのかもしれません。それでもスコープ3は間接的にしか削減することができないことは間違いありません。

(4) 温室効果ガス排出量情報の読み方

温室効果ガス排出量情報をどのように読めばよいでしょうか。下表はダミーデータによる開示例です。

全体としてスコープ別に合算した値となっています。非製造業ではスコープ2の購買電力が温室効果ガスの排出起源の大部分を占めているため、排出起源別の詳細な内訳を割愛することは珍しいことではありません。この例では、エネルギー種類別ではなくエリア別に内訳が示されており、企業がグローバル活動を強く意識していることが読み取れます。また期間比較ができるように5年間のデータを比較可能なように同形式で開示しています。

Bのスコープ2を見てみましょう。X−4期から当期のX期にかけて、猛スピードで排出量の削減が進んでいます。こうしたケースでは、おそらく企業方針や中期経営計画等において温室効果ガス排出量削減が謳われており、化石燃料を使用した電力からから再生可能エネルギー利用へのエネルギー転換や、事業所の省エネ設備投資が急ピッチで進んでいることがうかがわれます。

Cの従業員1人当たりの排出量原単位は特徴的な情報です。企業が成長拡大している時には総量としての温室効果ガスを削減することが難しい場合があります。それでも温室効果ガス削減に向けた努力を示すKPI（主要指標）として、総排出量と企業の活動量（売上高や従業員数など）とを組み合わせた原単位が用いられることがあります。ここではアジアエリアの従業員数が大きく増えていることを仮定しているケースですので、それでもスコープ1、2の排出量の増加を一定範囲に食い止めていることから、企業努力の跡が読みとれます。

図表3－2－6　温室効果ガスの開示イメージ（非製造業サンプル）

温室効果ガス排出量　（開示サンプル）						
スコープ別内訳（単位）	エリア	X−4期	X−3期	X−2期	X−1期	X期（当期）
A　スコープ1　直接的な排出（千t-CO_2）	日本	21	20	20	19	19
	アジア	5	5	6	7	5
	アメリカ	3	4	4	4	3
	ヨーロッパ	7	7	8	7	7
B　スコープ2　間接的な排出（千t-CO_2）	日本	400	370	350	340	310
	アジア	220	210	200	170	160
	アメリカ	60	60	55	50	47
	ヨーロッパ	140	120	100	90	70
C　原単位 従業員一人当たり排出量（スコープ1、2のみ）（t-CO_2）	日本	3.1	2.8	2.6	2.4	2.1
	アジア	4.3	4.2	3.9	3.4	3.2
	アメリカ	3.6	3.7	3.6	3.5	3.3
	ヨーロッパ	4.1	3.9	3.6	3.4	2.9
D　スコープ3　カテゴリー6 ビジネストラベルに伴う排出量（千t-CO_2）	日本	210	230	245	235	195
	アジア	105	110	120	115	88
	アメリカ	40	45	55	50	43
	ヨーロッパ	80	70	78	58	43

（出所：筆者作成）

Dのスコープ3のうちカテゴリ6（ビジネストラベル）を見てみましょう。X−4期と当期X期とを比較すると、順調に削減が進んでいるように錯覚します。しかしながら、X−3期からX−1期の変動状況をよく見ると、ビジネストラベルはあまり削減できていないか、むしろ微増であることがわかります。こうなると当期X期における減少が何らかの間違いではないかと疑われます。審査上では、こうした疑問点を企業担当者に直接質問を投げかけ、具体的な回答を得ます。その結果、ヨーロッパではX−1期より方針変更しており、オンライン会議の活用を推進すると同時に、ヨーロッパ域内出張を極力減らしていたこと、当期X期では社会的感染症（COVID−19）が発生したため、期の途中から国際間の出張がほとんど行われていないなどの合理的な理由がエビデンスによって確認されることになります。

Column　2050 年までに実質ゼロ！？

2020 年秋、2050 年までに温室効果ガス排出量を実質ゼロとする日本政府方針が発表され、その目標を明記した温対法改正案が翌年 5 月に可決されました。これは欧州の 2050 年、中国の 2060 年までに実質ゼロ化するという方針に続くものです。そんなことが現実に可能でしょうか。すでに実現されたことを見ると、太陽光発電や風力発電では技術革新が進み、関連する制度やインフラの整備が進んできたことを背景に発電価格は国際的に低下しています。補助金による固定価格買取制度は、欧州や中国はじめ、日本でも導入からわずか 10 年ほどでその使命を終えつつあります。対照的に石炭をはじめ化石燃料はいまだに多額の政府補助金が投下され続けており(76)(77)、その座礁資産化が深刻に懸念されるようになっています。

このように考えますと、ビジネス面では技術開発競争が一層活発となると同時に社会の監視の目は厳しくなっていくことでしょう。日本の事情に照らしても、水素社会は実現するのだろうか、次世代原子力発電は本当に安全なのだろうかなど国民の関心事は尽きません。実質ゼロに向かう道筋やその進捗状況を社会全体でモニタリングしていくためにも、温室効果ガス排出量やその関連する情報の開示が欠かせません。企業レベルでもますます情報の信頼性向上の取組みが広がっていくことでしょう。

---

(76)「World Energy Outlook 2015」（国際エネルギー機関）によると、「2014 年の化石燃料消費に対する補助金は世界全体で 5,000 億ドル弱」

(77)「Fossil Fuel to Clean Energy Subsidy Swaps: How to pay for an energy revolution」（The IISD Global Subsidies Initiative（GSI））によると、「Globally there are still more subsidies directed toward fossil fuel consumers and producers than toward renewable energy: currently around USD 372 billion is spent on producer and consumer fossil fuel subsidies, overshadowing the USD 100 billion in support to renewable energy」（世界的には、再生可能エネルギーの 1,000 億米ドルよりも化石燃料の消費者と生産者向けの助成金がまだ多く（約 3,720 億米ドル）ある）

第3節
その他の審査等

1　赤道原則の開示情報に対する審査

(1) 概要説明

① エクエーター原則/赤道原則の概要

エクエーター原則/赤道原則（The Equator Principles：EP）とは、大規模なプロジェクト関連融資での環境社会配慮に係る金融機関の自主的なイニシアティブです。EPを採択した金融機関は、同原則を自行の内部規程や手続きに組込み、融資するプロジェクトの環境・社会への影響に係る対応が十分であるかどうかについて確認した後に融資を実行するという原則です。

EPは37か国、114機関[(78)]の金融機関で採択されており、日本での採択金融機関は、みずほ銀行、三菱UFJ銀行、三井住友銀行、三井住友信託銀行、農林中央金庫、日本生命保険、新生銀行、日本政策投資銀行（採択順）の8社となっています。先進国及び新興国におけるプロジェクトファイナンスの実行額の過半が、採択金融機関によりカバーされており、プロジェクトファイナンス市場における環境社会対応に係るデファクトスタンダードとなっています。

2003年にEPが発行されて以来、何回かの改定により内容の高度化が進み、最近では2020年10月から赤道原則第4版（EP4）が適用開始となりました。また採択した金融機関数も順調に増えています（図表3−3−1参照)。

② EPの開示情報の審査の特徴

EPは10の原則から構成されており、原則10「情報開示と透明性」において、EP採択金融機関は、少なくとも年に一度、EPを適用した案件数の開示が要

(78) 2020年12月末時点

図表3－3－1　EPの発展

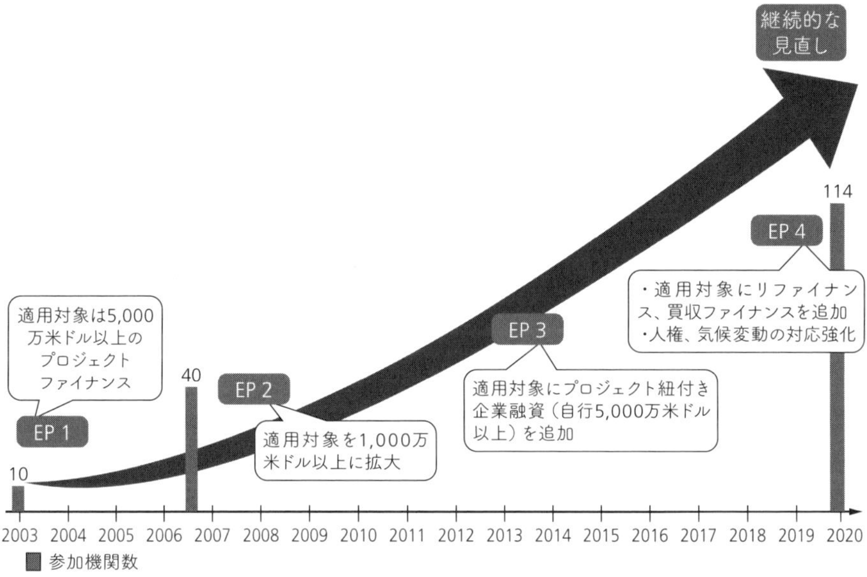

（出所：EP協会のウェブサイトをもとに筆者作成）

請されています。EPでは開示に対する審査は要請されていませんが、開示の透明性を確保したいと望む金融機関では、審査を受けています。EPの審査においては、通常、報告企業であるEP採択金融機関が開示したEPを適用したカテゴリー別（A、B、C）の案件数が審査の対象情報となります。

原則1「レビュー、およびカテゴリー付与」の要請により、EP採択金融機関は、プロジェクトに対する融資を打診された場合、そのプロジェクトの潜在的な環境・社会に対するリスクと影響の大きさに応じて、カテゴリーを付与することになります。カテゴリーの定義は下記の図表3－3－2のとおりです。カテゴリーの付与は、国際金融公社（IFC）の環境・社会カテゴリー付与のプロセスに基づいたものであり、実務慣行も成熟してきていると考えられますが、一定程度の判断を要するものになっています。EPに係る審査は、報告企業によるカテゴリー付与の判断の評価を含むことが特徴となっています。

また、審査対象情報の作成基準として、枠組みであるEPに加えて、報告企業

図表3－3－2　カテゴリーの定義

カテゴリー	説明
A	環境・社会に対して重大な負の潜在的リスクまたは影響を及ぼす可能性があり、そのリスクと影響が多様、回復不能、または前例がないプロジェクト。
B	環境・社会に対して限定的な潜在的リスクまたは影響を及ぼす可能性があり、そのリスクと影響の発生件数が少なく、概してその立地に限定され、多くの場合は回復可能であり、かつ、緩和策によって容易に対処可能なプロジェクト。
C	環境・社会に対しての負のリスクまたは影響が、最小限または全くないプロジェクト。

（出所：EP4日本語版をもとに筆者作成。下線は筆者による）

によるEPの具体的な適用基準が想定され、報告企業の適用基準がウェブサイト等で公表されています。

（2）EPの審査のポイント

EPの審査における主なポイントは次の2点であると考えられます。

① カテゴリー分類の正確性

上記の「（1）概要説明　②EPの開示情報の審査の特徴」で説明したとおり、カテゴリーの付与には報告企業による判断が含まれます。報告企業による定性的な評価に基づき、誤ったカテゴリーが付与されるリスクがあり、カテゴリー分類の正確性が審査のポイントとなります。

審査においては、IFCの環境・社会カテゴリー付与のプロセスに従って報告企業が実施したカテゴリー付与のプロセスに関し、環境・社会影響評価書等のアセスメント文書を参照し、カテゴリー分類の妥当性を確認することになります。

② EP適用案件の網羅性

金融機関においては融資案件が多数存在しますが、EPが適用される金融商品のすべての案件に関し、EPの適用条件に照らして適用の要否が検討される必要があります。特に、コーポレートローンの件数は膨大であり、プロジェクト紐付きコーポレートローンに関するEP適用の要否の検討が漏れなく実施されているかどうかに関してEP適用漏れのリスクが存在するため、EP適用案件の網羅性が審査のポイントとなります。

審査においては、報告企業が構築しているEP適用の網羅的を担保する内部統制に関し、その内容を理解し評価することになります。

(3) EPの開示情報に対する視点

①　開示情報の例

EPの開示情報の例として、原則10「情報開示と透明性」と付属書B「情報開示に係る最低要件」を踏まえ、例えば、プロジェクトファイナンスのEP適用案件数を表で示すと次のようになります（図表3－3－3参照)。

「カテゴリー別の合計」の計41案件に関し、セクター別、地域別に内訳を示しています。これらの案件数が、審査対象情報となり得ます。

図表3－3－3　EPの開示情報の例

●年度	A	B	C	計
カテゴリー別の合計	9	28	4	41
セクター別の内訳	A	B	C	計
鉱業	2	0	0	2
インフラ	1	6	2	9
石油・ガス	2	2	0	4
電力	4	17	1	22
その他	0	3	1	4
地域別の内訳	A	B	C	計
米州	3	9	1	13
欧州・中東・アフリカ	2	6	1	9
アジア・太平洋	4	13	2	19

（出所：筆者作成）

② 読み方のポイント

図表3－3－3で示したのは、EPで要請されている開示項目の一部を表で示したものです。

EPでは開示フォーマットまでは示されていませんが、各採択金融機関においては、カテゴリー別の案件数、セクター別の内訳、地域別の内訳を表で示しているところが多く、比較的容易に比較することができます。

図表3－3－3の案件数を例にとって、各開示項目別に比較する際の視点の例を挙げると以下のようになります（図表3－3－4参照）。

図表3－3－4　各採択金融機関のEP開示情報を比較する視点

開示項目	比較する視点の例
カテゴリー別の合計	▶1年間にEPを適用した案件数の合計（41件）を比較することにより、EPを適用すべき大規模なプロジェクトファイナンス案件の多寡を比較 ▶カテゴリーA、B、Cのそれぞれの案件数の比率（9件：28件：4件）に着目することにより、金融機関毎の傾向を分析 ▶環境・社会への影響の大きいカテゴリーAの案件数（9件）を比較することにより、そのような案件の多寡を比較 （注）カテゴリーA案件であっても、EPを適用している案件であれば、環境・社会への影響に対する十分な対応策が実施されていると考えられます。
セクター別の内訳	▶セクター別の内訳の合計（インフラ9件、電力22件等）に着目することにより、金融機関毎の傾向を分析 （注）世界の開発マーケットの傾向にも左右されます。 ▶セクター別の環境・社会への影響の傾向を理解することが可能。例えば、鉱業セクターは通常大規模な開発となり、カテゴリーAになることが多いと考えられます。
地域別の内訳	▶地域別の内訳の合計（米州13件、アジア・太平洋19件等）に着目することにより、金融機関毎の傾向を分析 （注）世界の開発マーケットの傾向にも左右されます。

（出所：筆者作成）

また、図表3－3－4の視点は、同一金融機関において、年度毎の案件数を比較する際にも応用できます。

2　キャップ&トレード型スキーム（ASSET）

（1）概要説明

このスキームはエンティティ（entity）、すなわち工場・事業所をひとつの単位として組織境界（boundary）を設定、その組織境界で排出量の上限を設定しそれを遵守することによって排出削減を達成するものです。削減手段として設備導入、運用改善、クレジットの調達などがあります。算定はエンティティベースであり、国連主導の CDM や次項で述べる J－クレジット制度のようなベースライン・クレジットスキームとは異なります。

わが国におけるキャップ&トレード型スキームは、環境省の設備補助事業である ASSET の前身に相当する JVETS（自主参加型国内排出量取引制度）が最初です。ASSET とは「先進対策の効率的実施による CO_2 排出量大幅削減事業設備補助事業」（Advanced technologies promotion Subsidy Scheme with Emission reduction Targets）の略称で、2012 年度から開始されました。2021 年度に計画されている同じく環境省の補助事業である「工場・事業場における先導的な脱炭素化取組推進事業」もキャップ&トレード型スキームの排出量取引が規定されるようですが、本書執筆時点でその詳細は明らかになっていないため、ここでは ASSET を例にとり、キャップ&トレード型スキームの概要について述べます。

ASSET において設備導入の補助金を受けようとする場合、二酸化炭素排出量の削減目標を提示・約束し、当該設備の導入前と導入後に二酸化炭素の排出量の算定を行い、その結果について第三者の検証を受ける必要があります。導入前に行うのが「基準年度」の算定で、導入後に行うのが「目標年度」の算定です。この 2 段階で算定報告書の作成が必要であり、いずれも検証機関の検証を受けなければなりません。ASSET で算定報告書を作成する際の GHG 算定フローを次に示します。

（ⅰ）組織境界の識別

↓

（ⅱ）排出源の特定、算定対象範囲の確定

↓

（ⅲ）少量排出源の特定

↓

（ⅳ）モニタリング方法の策定

↓

（ⅴ）モニタリング体制・算定体制の構築

↓

（ⅵ）モニタリングの実施と排出量の算定

ASSET では GHG のうちの二酸化炭素の排出のみが算定対象となります。算定対象となる活動は、燃料の使用に伴う CO_2 排出、電気・熱の使用に伴う CO_2 排出、廃棄物の焼却・使用等に伴う CO_2 排出、工業プロセスに伴う CO_2 排出です。工業プロセスとは、セメントの製造、石灰石及びドロマイトの使用、アセチレン・ドライアイスの使用などをいいます。算定対象範囲内の排出源であっても排出源の規模が小さく、いわゆる「少量排出源」に相当する場合は算定の対象外とすることができます。

CO_2 排出量は次の式で算定します。

＜燃料の燃焼由来＞　CO_2 排出量＝活動量×単位発熱量×排出係数

＜その他＞　CO_2 排出量＝活動量×排出係数

CO_2 排出量を算定するためには活動量をモニタリングする必要があります。活動量のモニタリングは、大きくは燃料等の購買量で把握する方法と燃料使用量等の実測に基づき把握する方法の２通りがあります。後者の場合は、計量器に対する精度の確保が要求されている点に留意が必要です。また、データ品質の確保のために品質保証（QA）と品質管理（QC）も要求されています。

GHG 算定フローを経て得られた排出量の算定結果は検証機関による検証を受ける必要があります。ASSET では排出削減目標に対する過不足を取引する必要があることから、検証機関による検証は合理的保証となります。ASSET の場合、検証機関は登録制で、本書執筆時点で 7 機関が登録されています。

（2）審査のポイント

①　算定報告書の作成

算定は「ASSET モニタリング報告ガイドライン」に従って行います。このガイドラインは、エンティティベースでの排出削減量の算定・報告に関する国際標準である ISO14064−1 に準拠して作成されています。ガイドラインは丁寧に書かれていますが、温室効果ガスを算定した経験がないと理解が困難な部分もあるので、外部の支援、例えば設備会社、リース会社、コンサルタントなどの支援を受けるケースもあるようです。以下、ASSET を例にとり、エンティティベースの算定で必要な事項をなるべく一般化して説明します。

ア）　算定範囲の設定

算定範囲の設定、すなわちキャップ&トレード型スキームにおける組織境界の設定はとても重要です。設備導入事業の実施前と後で、同一の組織境界とする必要があります。ASSET において事業場の敷地境界は公的書類、例えば工場立地法における届出書類などに基づき設定します。電気や熱を組織境界の外へ供給している場合は、これらを差し引きますので、これらの外部供給は明示する必要があります。

イ）　排出源の特定

算定範囲における二酸化炭素の排出源をすべて抽出します。電力の受電点も含みます。ここで大切なことは「網羅性」で、どんなに小さい排出源もリストアップします。ASSET の場合、一定規模未満の排出源は算定から除外することができますが、リストアップはすべての排出源が対象です。見落としが多い排出源の例を図表 3−3−5 に示します。

図表3－3－5　見落としが多い排出源の例

燃料	食堂の厨房設備（LPG） 事務所の給湯設備（LPG） 重油ボイラー着火用装置（LPG） 非常用発電機 灯油ストーブ 芝刈り機／除雪車 消火用ポンプ 構内専用車両
工業プロセス	溶接機のアセチレン 溶断機のアセチレン 原子吸光分析に用いるアセチレン 冷却用のドライアイス 炭酸飲料製造用の液化二酸化炭素

見落としをなくし、排出源を網羅的に特定するために、経理データはたいへん役に立ちます。特殊な用途で使用するアセチレンや冬季のみ購入するストーブ燃料の灯油といえども、経理データには必ず残るからです。算定期間中あるいは基準年算定の後に起こる排出源等の変更も要注意です。どのような変更があったのか、漏れなく把握して正確に記載する必要があります。

ウ）　モニタリング

モニタリングで大切なことは信頼できる証拠からデータを積み上げることです。燃料や電力の購入の場合は購買伝票が証拠になります。また、自社測定の場合は信頼できる測定器、例えば計量法に基づく検定を受けた計量器で得られたデータが証拠となります。監視点を決めて、監視点ごとに燃料や電力など活動量を把握します。ただし、ASSETの場合、少量排出源に相当する排出源はモニタリングの必要がありません。都市ガスやLPGなど気体燃料については、採用しようとしている単位発熱量や排出係数が基準としている状態（通常は0℃、1気圧）への換算が必要となり、誤りの原因となりやすいところです。

キャップ&トレード型スキームにおいて、温室効果ガスの排出量は金銭的価値と同等と考えることができますので、排出量を計算する順序や数値の丸め方などもきめ細かく規定されています。当然ですがそのルールに従わないと、検証の段階で指摘を受け修正することになります。しかし、ガイドラインでは規定されていないような事象も現場によっては起こり得ますので、その場合は算定報告書の備考欄等を活用して、算定した際の仮定や考え方などを明示しておくと、後に続く検証などの手続きが滞りなく進みます。

② 検証

算定報告書の検証を行うのが「検証機関」です。ASSETの場合、検証機関として登録されるためには、検証機関はISO14065「温室効果ガス－認定又は他の承認形式で使用するための温室効果ガスに関する妥当性確認及び検証を行う機関に対する要求事項」の認定を受けていることが要件となっています。

検証では、算定報告書に記載されたすべての事項に対してそれらの根拠となる情報との突合せ、算定の根拠となった購買伝票との突合せ、計算過程の確認などを行います。したがって検証に際しては、算定報告書に記載されているすべての情報に対して根拠となる情報を準備する必要があります。検証は原則として現地で実施しますので、検証人が目視で確認できるような情報に関しては、根拠資料などは不要です(79)。事業者の方は恐らく「そんな細かいところまで見るの？」と思われますが、検証人には常に懐疑心を持って確認することが求められますので、この点はご理解いただくしかありません。

検証機関にはあらかじめ当該案件のリスク評価を行い、検証計画を立案した上で検証に臨むことが求められています。また、担当の検証人が行った検証結果を別の検証人が再度チェックする体制がとられていることが一般的です。さらにASSETの場合はスキーム側でも検証結果の確認を行いますので、事業者サイドからみた場合はその後の手戻りをなくすためにも、より根拠のしっかりとした情報をご提示いただくのがベターということになります。

なお、検証は通常、算定した事業者と検証人が相対して実施しますが、検証機関には事業者とは独立した立場で検証を行うことが求められますので、検証機関はこれらのプロセスを通して事業者の方々に助言等を行ってはいけないこ

(79) 2020年～2021年のコロナ禍においては、現地を訪問せずリモートでの検証が認められました。その場合は動画や写真を検証機関に提供する必要があります。

とになっています。

3　ベースライン・クレジット型スキーム（J-クレジット制度）

（1）概要説明

このスキームは前項で述べたエンティティベースのスキームと異なり、温室効果ガスの排出削減プロジェクトを行った際に、そのプロジェクトを実施しなかった場合に想定される排出量との差をクレジットとして創出するものです。排出削減プロジェクトだけでなく、森林による二酸化炭素の吸収プロジェクトも対象になります。京都議定書で定められた措置のひとつであるCDM（クリーン開発メカニズム）も同じタイプのスキームです。ここでは、わが国で運用されているJ-クレジット制度について解説します。

J-クレジット制度とは、省エネルギー機器の導入やバイオマスエネルギーの活用、森林経営などの取組みによる温室効果ガスの排出削減量や吸収増加量をクレジットとして国が認定する制度です。ここで創出されたクレジットは、低炭素社会実行計画の目標達成やカーボンオフセットなどの用途に活用されます。クレジット創出者のメリットは省エネ設備の導入に伴うランニングコストの低減や、クレジット売却益を設備投資の回収に回すことなどが挙げられます。一方クレジット購入者のメリットとして、温対法・省エネ法の報告への活用や環境貢献企業としてのPR効果などが挙げられます。

クレジットが発行されるまでの流れを次に示します。

（ⅰ）プロジェクト計画書を作成する。

⇩

（ⅱ）審査を受けプロジェクトを登録する。

⇩

（ⅲ）燃料使用量等のモニタリングを実施する。

⇩

（ⅳ）モニタリング報告書を作成する。

⇩

（ⅴ）審査を受けクレジットが発行される。

本制度は経済産業省、環境省、農林水産省が制度管理者となって運営されており、ⅰ、ⅱ、ⅳ、ⅴの一部では国の支援が受けられる枠組みも用意されています。ⅱとⅴにおいて第三者審査機関の審査を受ける必要があります。ⅱにおける審査を「妥当性確認」（validation）、ⅴにおける審査を「検証」（verification）と呼んでいます。本制度でもキャップ&トレード型スキームと同様、クレジットが金銭的価値を持つことから、審査機関による審査は合理的保証となります。審査機関として 5 機関が登録されています（本書執筆時点）。

なお、国ではなく地方自治体が運営する「地域版 J−クレジット制度」と呼ばれる枠組みも用意されており、新潟県版 J−クレジット制度と高知県版 J−クレジット制度が運営されています。

（2）審査のポイント

①　プロジェクト計画書の作成

本制度でクレジットを創出しようとする場合はプロジェクト計画書を作成し、妥当性確認を受けた後、次は事業実施後にモニタリング報告書を作成し、検証を受ける必要があります。最初に訪れるヤマはプロジェクト計画書の作成です。J−クレジットのプロジェクトは何でも良いという訳ではなく、「方法論」

が定められたプロジェクトに限定されます。方法論とは排出削減や吸収増加に資する技術ごとに、適用範囲、排出削減・吸収量の算定方法、モニタリング方法などを規定したものです。実施しようとするプロジェクトに該当する方法論がない場合は、新たに方法論を提案して登録することが必要になります。ここでは、登録されている方法論に基づきプロジェクト計画書を作成するケースを例に話を進めます。

プロジェクト計画書の構成を次に示します。これは排出削減プロジェクトに関するもので、吸収プロジェクトの場合は少し異なります。このプロジェクト計画書を作成する際は、制度側で用意している実施規程の取決めに従います。この実施規程は、プロジェクトベースでの排出削減量の算定・報告に関する国際標準であるISO14064−2に準拠して作成されています。

プロジェクト計画書の構成（排出削減プロジェクト用）

1. プロジェクト実施者の情報
2. プロジェクトの概要
   - 2.1　プロジェクトの目的及び概要
   - 2.2　プロジェクト実施前後の状況
   - 2.3　プロジェクト要件への適合
3. 方法論
   - 3.1　適用方法論
   - 3.2　方法論の適用条件への適合
   - 3.3　モニタリング・算定方法
4. 排出削減計画
5. データ管理
   - 5.1　モニタリング体制
   - 5.2　モニタリングデータの収集・記録・保管
6. 特記事項

ここからは、プロジェクト計画書を作成する際のポイントや間違えやすい事例について述べます。まずプロジェクトの概要の記述、言い換えればプロジェクトの計画立案ですが、ここで大切なことは、プロジェクトの範囲を正しく設定することと「追加性」を正しく評価することです。

プロジェクトの概要は「2.2　プロジェクト実施前後の状況」に記載しますが、妥当性確認のプロセスにおいて、プロジェクトの実施前と実施後でエネルギーの供給範囲が同等でないケースが時々みられます。将来の姿が現状の「置き換え」として適切（同等）かどうか、各種エネルギーの流れを突き合わせて確認する必要があります。

次に「2.3　プロジェクト要件への適合」に記載する「追加性」ですが、J−クレジット制度では、クレジット収益がなければ計画した排出削減プロジェクトは実施されない、と判断される場合に当該プロジェクトは「追加性がある」といいます。そのままでは利益が出ない環境改善に資する投資をしたことのご褒美がクレジットですから、クレジットを得ることができるプロジェクトとして認められるためには追加性があることが条件となります。追加性の有無は原則、そのプロジェクトの経済的障壁の有無によって判断され、投資回収年数が3年以上であること、又は、プロジェクトの実施前後でランニングコストが増加すること、が基準となっています。投資回収年数の計算式は次で示されます。

投資回収年数＝(設備投資費用－補助金額)／年間のランニングコスト削減額≧3

投資回収年数の算定に当たっては、合理的な根拠に基づき計算することや、特定分野における排出量の算定ができない場合等にやむを得ず行う按分計算の仮定が、追加性の評価に有利にならないよう配慮することが重要です。このように排出削減量などが過大評価されないよう控えめな仮定、値、手順を使用することを「保守性」(Conservativeness)といいますが、以降の算出過程も含め、J−クレジット制度ではカギとなる概念となっていることに留意が必要です。

続いて「方法論」ですが、J−クレジットのプロジェクトとして認められるためには、登録されている方法論に適合していることが条件となります。方法論は省エネルギー、再生可能エネルギー、工業プロセス、農業、廃棄物、森林の各分野で、数件から数十件が登録されています。

「3.2　方法論の適用条件への適合」において、適用する方法論に適合していることを記述します。排出削減プロジェクトを方法論に確実に適合させるよう計画することが重要となります。プロジェクトによっては細部で方法論に適合させることが困難となり、一部を方法論にない手法で計画する事業者が時々みられますが、これではJ-クレジットのプロジェクトとして認められません。また、例えばバイオマスエネルギーの活用に係るプロジェクトでは、方法論には現状では利用価値のないバイオマスを使うことが条件として定められているため、商品価値のある木材を一部混入させて使用しているようなケースでは、商品価値のある部分をプロジェクトの対象範囲から除外できることを条件にJ-クレジットのプロジェクトとして認められます。

なお、J-クレジットの方法論は複数用意されていますが、方法論によってJ-クレジットのプロジェクトとして成立しやすいものとそうでないものがある点には留意が必要です。例えば太陽光発電やボイラー更新に係るプロジェクトは比較的容易で、プロジェクト計画書作成の難易度は低いようです。このようなプロジェクトは、審査機関による妥当性確認もスムーズに進むことになります。

次に「3.3　モニタリング・算定方法」ですが、ここでも方法論への適合は重要な要素です。この段階になって初めて方法論どおりに計画できないことに気づき、一部独自の修正を加えた上で、「現実には方法論どおりなどできない」などと開き直りともとれる発言をされる事業者が時々みられますが、方法論に従っていないものは当然認められません。この時点で方法論に適合させようとすると各種の仮定が必要になります。前述したとおり仮定は保守的であることが求められますので、獲得できるクレジットはどんどん目減りすることになります。繰り返しになりますが、プロジェクトの構想段階で方法論が使えることの確認は大切ということになります。

プロジェクト計画書の留意点で、最後は「5.2　モニタリングデータの収集・記録・保管」におけるモニタリング方法の選択です。モニタリング項目ごとに、A. 購買量による方法、B. 計量器による方法、C. 概算等による方法のどれかを選択することになりますが、「C. 概算等による方法」を選んだ場合は、A. あるいはB. と同等であることの説明か、あるいは保守的であることの説明が求められます。

②　モニタリング報告書の作成

プロジェクト計画書の妥当性確認を受けJ-クレジットのプロジェクトとして登録されたら、次はモニタリングの実施と報告書の作成です。クレジットを獲得するためにはモニタリング報告書の検証を受ける必要があります。モニタリング報告書の構成は次のとおりです。

モニタリング報告書の構成（排出削減プロジェクト用）

1. プロジェクト計画の変更
2. 認証を申請する期間
   2.1　認証対象期間及び過去の認証状況
   2.2　本報告において認証を申請する期間
3. 排出削減量
   3.1　モニタリング結果の概要
   3.2　排出削減量の算定
4. プロジェクト計画書の添付
5. 省エネルギー量の算定

モニタリングに際して重要なことは、プロジェクト計画書で約束したとおりに実施することです。例えばプロジェクト計画書に記載した計測器より性能の優れたものを使用した場合でも、それは計画書に従っていないため認められません。そのため計画書と異なる方法でモニタリングを行った場合は、修正後のプロジェクト計画書で再度、妥当性確認や承認のプロセスを経る必要があります。プロジェクト計画書はJ-クレジットの認証委員会によって承認され、登録されていますので、計画書の内容を変更する場合は原則として前述の手続きが必要になります。

また検証の際、プロジェクト計画書で約束したデータではないものが証拠として提示されることがありますが、これもNGで、提示されたものが証拠として適切であったとしても、プロジェクト計画書に記載がないため認められません。やむを得ずプロジェクト計画書の内容から逸脱する場合は、あらかじめ計画書の変更手続きを行っておくのが良いでしょう。

③　妥当性確認と検証

（1）で述べたとおり、J-クレジット制度ではプロジェクト計画書の審査を「妥当性確認」、モニタリング報告書の審査を「検証」と呼びます。これらを実施するのが「審査機関」で、妥当性確認及び検証の区分ごとに本制度において登録されています。本制度の審査機関として登録されるためには、審査機関はISO14065「温室効果ガス－認定又は他の承認形式で使用するための温室効果ガスに関する妥当性確認及び検証を行う機関に対する要求事項」の認定を受けていることが要件となっています。なお、登録された各審査機関には、方法論の分野に準じてエネルギー、工業プロセス、農業、廃棄物、森林の専門分野が定められています。

本制度において妥当性確認とは、事業者が作成したプロジェクト計画書が、J-クレジットの実施規程や方法論に適合していることを審査機関が確認することをいいます。また検証とは、事業者が作成したモニタリング報告書が、プロジェクト計画書の規定どおりに作成されていることの確認をいいます。妥当性確認や検証の実施に際して、審査機関には事業者とは独立した立場で実施することが求められますので、これらのプロセスを通して事業者の方々に助言等を行ってはならないことになっています。

妥当性確認においては、方法論への適合や保守性の確認がポイントになります。プロジェクト計画書に記載されている内容は事業者の「主張」ですので、その合理性を確認するためプロジェクト計画書を作成した際に設定した条件などについて、適切な根拠に基づいていることの確認を行います。したがってこれらについて明示あるいは説明できるようにしておくことが肝要です。

検証においては、モニタリングがプロジェクト計画書に沿って実施されていることの確認や、モニタリングで得られた生データとの突合や、試算・検算によりモニタリング報告書に示された事項が正確であることの確認を行います。検証を行う人には、常に懐疑心を持って行うことが求められていますので、検証の場において合理的な説明ができるよう準備しておくことが大切です。

4　東京都排出量取引制度

東京都では2008年7月に東京都環境確保条例を改正し、都の気候変動対策の一環として「温室効果ガス排出総量削減義務と排出量取引制度」を導入しました。これは都内の大規模事業所に適用されるもので、2010年4月から削減義務に係る運用が開始されています。この制度は、オフィスビル等も対象とする世界初の都市型のキャップ&トレード制度となっています。なお、同様の制度は埼玉県にもあります。

対象となる大規模事業所とは3か年度連続して燃料、熱、電気の使用量が原油換算で年間1,500kL以上となった事業所をいい、オフィスビルに例えると20階以上のビルが相当します。削減義務の対象となる温室効果ガスはエネルギー起源の二酸化炭素であり、非エネルギー起源の二酸化炭素や、二酸化炭素以外の温室効果ガスに削減義務はありません。

本制度で定められた削減義務率は図表3－3－6のとおりです。原則として過去3か年度の年間排出量の平均値が「基準排出量」となり、建物の区分に応じた削減義務率が課せられます。削減義務量が不足した場合は、大規模事業所間での取引に加え、都内中小クレジット、再エネクレジット、都外クレジット、グリーン電力を活用して穴埋めをする必要があります。

削減義務が課せられるのは原則として建物の所有者です。大規模事業所に指定されると地球温暖化対策計画書の提出が必須事項となります。その中で基準

図表 3－3－6　削減義務率

区　分	第 1 計画期間	第 2 計画期間	第 3 計画期間
オフィスビル等	8 %	17 %	27 %
オフィスビル等のうち他人から供給された熱に係るエネルギーを多く利用している事業所	6 %	15 %	25 %
工場等	6 %	15 %	25 %

（備考）第 1 計画期間は 2010–2014 年度、第 2 計画期間は 2015–2019 年度、第 3 計画期間は 2020–2024 年度。

「大規模事業所への温室効果ガス排出総量削減義務と排出量取引制度（概要）」（東京都環境局）より引用。

排出量や年度排出量を算定することが求められ、また、その算定結果は都に登録された検証機関による検証を受けることが必要となります。

本制度は条例で定められた制度であり、削減義務の履行や排出量取引を公正なものとするため、温室効果ガスの算定は都が定めた「総量削減義務と排出量取引制度における特定温室効果ガス排出量算定ガイドライン」に従って、規定どおり実施する必要があります。

同ガイドラインでは、①事業所範囲のとらえ方、②排出活動・燃料等使用量監視点の特定、③燃料使用量の把握、④温室効果ガス排出量及び原油換算エネルギー使用量の算定などについて規定されています。本制度は条例の規定であり罰則もあるため、事業所範囲をどう設定するか、また、算定の根拠となる証拠をどうするか、などについてもガイドラインで細かく規定されています。計画期間によってその取決めに若干の差があり、第 3 計画期間では認定された低炭素電力を使用した場合、以前より事業者側に有利に算定されるようになりました。

検証機関による検証も前述の「総量削減義務と排出量取引制度における特定温室効果ガス排出量算定ガイドライン」に従って実施されます。同ガイドラインの各章には「検証のポイント」が記載されていますので、排出量の算定の際はこれも参考にするのが良いでしょう。

本制度の検証機関として 21 機関が登録されています（本書執筆時点）。

第4節

審査を受けるにあたっての留意事項

企業が審査を初めて受けるにあたって、企業側において必要な準備事項、審査機関への確認事項、保証報告書（審査報告書）に関する取扱いなどにおいて、特に留意すべき重要なことがあります。

ここではその留意事項に関して説明を行います。

1 企業側の必要な準備

企業が、審査を始めて受ける場合においては、特に審査を受ける準備が十分かどうかを検討したうえで、審査業務を依頼する必要があります。具体的には以下の準備をしてから審査を依頼することが望まれます。

図表3－4－1　審査を受けるにあたっての企業側の必要な準備

企業側の必要な準備事項	主な内容のポイント
①　保証対象情報、作成基準、対象組織範囲の開示	保証対象情報掲載の媒体には、作成基準、対象組織範囲の開示が必要です。
②　保証対象情報を掲載するサステナビリティ報告書等の明確化	審査を受けるサステナビリティ報告書等に掲載される保証対象情報について、他のレポートやWebにおいて同様の情報が掲載されていたとしてもそのレポートやWebで「この情報は第三者による審査を受けている」とは言えません。
③　保証対象情報の内部統制の整備・運用	保証対象情報にかかわる内部統制が整備・運用されておらず、有効に機能していない場合には保証報告書の発行が遅れ、サステナビリティ報告書等の発行遅延の可能性があります。
④　保証対象情報に関連するデータ及び根拠資料の保管	保証対象情報に関連する過年度データや保証対象年度の原始帳票等の根拠資料は適切に整理保管されている必要があります。

（出所：筆者作成）

（1）保証対象情報、作成基準、対象組織範囲の開示

ESGにかかわる保証対象情報を開示するサステナビリティ報告書等の媒体において、保証対象情報、作成基準、対象組織範囲が明らかにされる必要があります。

サステナビリティ情報審査協会の「サステナビリティ情報審査実務指針」では、サステナビリティ報告書の審査業務について以下のように定義しています。

> サステナビリティ報告書の審査業務とは、経営者の作成したサステナビリティ報告書が、適用されるサステナビリティ報告書の作成基準に準拠して正確に測定、算出され、かつ重要な事項が漏れなく表示されているかどうかについて、審査人が自ら入手した審査証拠に基づいて判断した結論を表明することを目的とする業務をいう。

この定義において、重要な点は、サステナビリティ報告書には作成基準が存

在し、その作成基準に準拠して作成しているかどうかについて審査人が判断し結論を表明するという建付けになっているという点です。

例えば、作成基準（用語の定義、算定方法など）が異なれば、サステナビリティ報告書等に掲載される保証対象情報の数値は異なった値になるため、作成基準を明らかにするというのは極めて重要となります。この点に関して算定基準は利用可能である必要があります。また同様に保証対象情報を算定する対象組織範囲が異なれば、当然数値が異なります。

したがって、サステナビリティ報告書等の開示媒体には、保証対象情報とともに、作成基準、算定する対象組織範囲を記載し開示する必要があります。

（2）保証対象情報を掲載するサステナビリティ報告書等の明確化

ESG情報に係る審査において、保証対象情報を掲載するサステナビリティ報告書等を特定することは重要です。通常、保証報告書において、保証対象情報を掲載するサステナビリティ報告書等の名称を明記します。このことは、保証対象情報とまったく同様情報が、たとえ他のレポートやWebに掲載されていたとしても、他のレポートやWebに掲載されている情報は、「この情報は第三者による審査を受けています」と直接は言えないということを意味します。

もし仮に、他のレポートにおいても第三者による審査を受けているということを示す場合には、別途当該レポートに掲載の保証対象情報であることが明記された保証報告書を発行する審査業務契約の締結も必要となります。

（3）保証対象情報の内部統制の整備・運用

保証対象情報について、現場の根拠となるデータ収集から開示に至るプロセスまでを明確にしてルール化されていることが必要です。全社共通で定めるルールと、現場の実態に応じて定めるルールを持つことが望まれます。

全社共通で定めるルール例としては、以下のようなものがあります。

- 保証対象情報の定義、データ活動量の範囲
- 算定方法（適用する換算係数、計算式など）

・根拠データ

上記のようなことがルール化されていないとすれば、データ集計結果にバラツキが生じる可能性があります。例えば、換算係数や計算式を用いてデータを算定しているような場合には、詳細な算定方法に関してもルールを定めなければ異なった換算係数や計算式を適用すると当然に算定結果が異なってしまうことになるからです。

また、各プロセスにおいてルール通りの運用がなされているかどうか、データの正確性や網羅性等についても企業においてチェックする機能を持たせることが必要です。

審査の過程で、審査業務実施者（審査人）が一部の事業所でデータの誤りを発見した場合には、審査業務実施者は同様の原因で他の事業所においても誤りが存在しないかどうかを確かめ修正等の適切な対応を依頼することになります。そのため、企業においてルールの未整備、チェック機能の未整備などの内部統制が整備されていない場合やその運用が適切でない場合においては、発見された誤りが同様の原因で他にも存在しないかどうかを確かめるのに審査手続を追加して確かめるなど多大な時間を要することになります。その結果、保証報告書の発行が遅れ、サステナビリティ報告書等の発行の遅れの原因になる可能性があることに留意が必要です。

(4) 保証対象情報に関連するデータ及び根拠資料の保管

特定の保証対象情報について、初めて審査を受ける場合において、審査を受ける当該年度に関連するデータだけでなく、過年度における関連データの整備も必要です。

審査機関は、審査業務手続において、保証対象情報に関連して過年度のデータやその相関関係のあるデータについても入手し、データ分析を行い異常なデータが無いかどうかを確かめる必要があります。また、保証対象年度のデータに関連している原始証憑等の根拠資料に関しては、審査業務実施者がサンプリング等で根拠資料を突合する対象となることがありますので、企業はそれらの根拠資料に関しては適切に保管し取り出せるようにしておく必要があります。

2　審査機関への確認事項

企業は、適切な審査を受けるにあたり、審査機関に対して以下の事項を確認しておくことが望まれます。

審査機関に確認しておく事項例

- 審査機関、審査業務実施者（審査人）の適性
- 審査のプロセス等の概要
- 審査を受けるにあたっての準備事項

(1) 審査機関、審査人の適性

審査機関が、適用する保証業務基準について、何を適用するのかの確認が必要です。例えば以下の基準を用いて準拠した業務が実施できるかどうかを確認することになります。

- 「国際保証業務基準第3000号（ISAE3000）過去財務情報の監査又はレビュー以外の保証業務」（国際監査・保証基準審議会）
- 「国際保証業務基準第3410号（ISAE3410）　温室効果ガス報告に対する保証業務」（国際監査・保証基準審議会）
- 「サステナビリティ情報審査実務指針」（サステナビリティ情報審査協会）
- 「ISO14064−3：温室効果ガスに関する主張の妥当性確認及び検証のための仕様並びに手引」（国際標準化機構）

上記のISAE3000、ISAE3410に準拠して実施する保証業務は、基本的に「職業会計士に対する倫理規程（IESBA倫理規程）」（国際会計士倫理基準審議会）や国際品質管理基準（ISQC）1「過去財務情報の監査及びレビュー、その他の保証業務及び関連サービス業務を実施する会計事務所の品質管理」の要求事項

が適用されます。

したがって審査機関及び審査人は、このような要求事項を満たした適性を持つ必要があります。

〔ISAE3000の「職業会計士に対する倫理規程（IESBA倫理規程）」前提記載箇所〕

> 3. 本ISAEは、以下の前提に基づいている。
> (a) 業務チームの構成員及び（当該業務に対して選任された）審査担当者は、保証業務に関連して国際会計士倫理基準審議会の公表した職業会計士に対する倫理規程（IESBA倫理規程）のパートA及びB、或いは、少なくともそれと同等以上の、その他の職業専門的な要求事項又は法令等の要求事項の適用対象になっている（A30〜A34項参照）
> (ISAE3000過去財務情報の監査又はレビュー以外の保証業務)

〔ISAE3000の「国際品質管理基準（ISQC）1」前提記載箇所〕

> 3. 本ISAEは、以下の前提に基づいている。
> (b) 業務を実施している業務実施者は、品質管理システムに係る事務所の責任に関して、ISQC1(80)、或いは少なくともそれと同等以上のその他の職業専門的な要求事項又は法令等の要求事項の適用対象になっている事務所の構成員である（A61〜A66項参照）
> (ISAE3000過去財務情報の監査又はレビュー以外の保証業務)

① 「職業会計士に対する倫理規程（IESBA倫理規程）」で要求されている事項

ISAE3000において、IESBA倫理規程パートAでは業務実施者が遵守することを要求される基本原則及び概念的枠組みの提供を、パートBでは概念的枠組みに関する適用として、阻害要因に関する取扱い、独立性に関する解説が記載されています。

(80) 国際品質管理基準（ISQC）1「過去財務情報の監査及びレビュー、その他の保証業務及び関連サービス業務を実施する会計事務所の品質管理」。

▶ IESBA倫理規程パートA

IESBA倫理規程パートAにおいて業務実施者が遵守する基本原則として、以下の5つの事項を規定しています。

〔業務実施者が遵守する基本原則〕

(a) 誠実性 (b) 客観性 (c) 職業的専門家としての能力と正当な注意 (d) 守秘義務 (e) 職業的専門家としての行動 (ISAE3000過去財務情報の監査又はレビュー以外の保証業務A30抜粋)

また、業務実施者が適用する概念的枠組みとして、基本原則の遵守に対する阻害要因を識別すること、識別した阻害要因を評価すること、必要な場合には阻害要因を除去するか、又は許容できる水準にまで軽減することが規程されています。

〔業務実施者に適用される概念的枠組み〕

(a) 基本原則の遵守に対する阻害要因を識別する。

阻害要因は、以下の1つ以上の範疇に分類される。

(i) 自己利益

(ii) 自己レビュー

(iii) 擁護

(iv) 馴れ合い

(v) 脅威

(b) 識別した阻害要因の重要度を評価する。及び、

(c) 必要な場合、阻害要因を除去するか、又は許容できる水準にまで軽減するように、セーフガードを適用する。

セーフガードが必要なのは、合理的で情報に通じた第三者が、その時点

で職業会計士に利用可能なすべての特定の事実と状況を比較検討して、職業会計士が、阻害要因が基本原則の遵守を危うくしていると考えられる水準にあると判断する場合である。

(ISAE3000 過去財務情報の監査又はレビュー以外の保証業務　A31 抜粋　下線筆者)

▶ IESBA 倫理規程パート B

IESBA 倫理規程パート B においては、パート A の概念的枠組みに関して適用される一定の状況について説明されています。以下がその一定の状況です。

〔業務実施者に概念的枠組みが提供される一定の状況〕

・職業的専門家としての選任
・利益相反
・セカンド・オピニオン
・金銭及び他の種類の報酬
・マーケティングの専門的サービス
・贈答及び接待
・依頼人の資産の保管
・客観性
・独立性

(ISAE3000 過去財務情報の監査又はレビュー以外の保証業務　A32 抜粋)

特に IESBA 倫理規程において、独立性について以下のように説明しています。

独立性を精神的独立性と外観的独立性の両方から構成されると定義する。
独立性は、保証の結論を危うくするおそれのある影響力に左右されずに、結論を形成する能力を保護する。
独立性は、誠実に行動し、客観的になり、職業的専門家としての懐疑心を保持する能力を強化する。
(ISAE3000 過去財務情報の監査又はレビュー以外の保証業務　A32 抜粋)

また、独立性に関して、IESBA 倫理規程において扱われる事項としては以下のようなものがあります。

〔独立性に関して IESBA 倫理規程で扱われる事項〕

・金銭的利害
・事業上の関係
・家族及び個人の関係
・保証業務の顧客との雇用関係
・保証業務の顧客との最近のサービス関係
・保証業務の顧客の取締役又は役員として勤務
・業務チーム上位者の長期的関与
・保証業務の顧客に対する非保証業務の提供
・金銭（相対的な大きさ、延滞、及び成功報酬）
・贈答と接待
・訴訟又は訴訟の脅威

(ISAE3000 過去財務情報の監査又はレビュー以外の保証業務　A32 抜粋)

② 「国際品質管理基準（ISQC）1」関連の要求事項

ISAE3000 において、品質管理に関する記述として、事務所レベルの品質管理に要求されている内容が記述されています。

事務所レベルの品質管理は、事務所及びその職員が、独立性を含む関連する職業倫理規程を遵守していることを合理的に保証するように、方針及び手続を設定する責任が事務所にあることを規程しているものです。

以下の各要素を扱う方針及び手続を含む品質管理システムを整備運用すると共に、当該方針及び手続を文書化して、事務所の職員に伝達することを要求しています。

〔事務所レベルの品質管理システムの整備運用の要求項目〕

(a) 事務所内の品質に対する指導的責任
(b) 関連する職業倫理規程
(c) 顧客関係と特定の業務契約の受嘱と更新
(d) 人的資源
(e) 業務の実施
(f) 監視活動
(ISAE3000 過去財務情報の監査又はレビュー以外の保証業務　A61 抜粋)

業務実施責任者が個々の業務の品質に関して、全般的な責任を負うこととの関連で、業務実施責任者の活動及び業務チームの他の構成員への適切な伝達事項は、保証業務の実施では品質が不可欠であるということを強調することが重要です。

さらに、以下の事項に関する保証業務の品質の重要性が強調されます。

〔保証業務に関する品質の重要性が強調される事項〕

(a) 職業専門的基準及び法令等の要求事項を遵守する作業の実施
(b) 必要に応じた、事務所による品質管理の方針及び手続の遵守
(c) 適切な状況下での業務に対する報告書の発行
(d) 業務チームが報復の恐れなしに懸念を提起できること
(ISAE3000 過去財務情報の監査又はレビュー以外の保証業務　A63 抜粋)

事務所又は他の当事者の提供する情報から依拠できないと示唆されない限り、業務チームは、事務所の品質管理システムに依拠することができるとしています。そして、業務チームは、以下に関連して事務所の品質管理システムに依拠することができるとしています。

〔事務所の品質管理システムに依拠できる例〕

(a) 採用と正式な教育訓練による専門要員の能力

(b) 関連する情報の蓄積と伝達による独立性
(c) 新規契約受嘱と更新を通じた顧客関係の維持
(d) 監視プロセスによる法令等の要求事項の遵守
(ISAE3000 過去財務情報の監査又はレビュー以外の保証業務　A65 抜粋)

(2) 審査のプロセス等の概要

企業は、審査機関が実施する審査計画の立案から保証報告書の提出までの審査のプロセスに関して、お互いの役割・責任について説明を受け理解しておくことが必要です。

審査機関が保証報告書を提出できるのは、審査の手続きがすべて終了し、サステナビリティ報告書等の原稿において、保証対象情報及びそれらに関連した情報について必要なすべての修正が行われたことを確認した後になります。企業は、保証対象情報掲載ページだけでなく、サステナビリティ報告書等の全体の原稿を提出し、関連情報の掲載についても審査機関にチェックを受けることになります。従って、企業は、特に審査の初年度において、このことを十分に考慮してサステナビリティ報告書等の発行スケジュールを立て審査機関とその調整を行う必要があります。

〔特に留意しておく事項〕

審査業務実施者は、保証対象情報が掲載されるサステナビリティ報告書等の開示内容について保証を行うため、保証対象情報、作成基準、対象組織範囲が適切に反映されているかをサステナビリティ報告書等の原稿で確かめた後でないと保証報告書を提出することができないことをよく理解しておく必要があります。

(3) 審査依頼にあたっての準備事項

企業は、審査を依頼するにあたってどのような準備が必要なのかを審査機関に確認することが重要です。ISAE3000 や ISAE3410 の保証業務基準に準拠した業務を審査機関に依頼する場合であれば、先の「(1) 企業側の必要な準備」で示した以下の事項について確認し準備を整えることになります。

- 保証対象情報、作成基準、対象組織範囲の開示
- 保証対象情報を掲載するサステナビリティ報告書の明確化
- 保証対象情報の内部統制の整備・運用
- 保証対象情報に関連するデータ及び根拠資料の保管

これらの準備がある程度整っていない段階で、審査機関が審査の依頼を受けて業務を実施することとなると、審査の目的を果たせない懸念があるため、審査機関は審査業務を受嘱できない可能性があります。

3　保証報告書に関する取扱い事例

(1) 保証報告書の取扱いで良くない事例

サステナビリティ情報の審査を受けている企業の中で、保証報告書の取扱いについて、適切でないと思われる以下のような事例を見ることがあります。

- 保証対象情報の開示媒体に保証報告書が添付されていない

  保証対象情報を記載しているサステナビリティ報告書等に保証報告書が添付されないで、「この情報は第三者による審査を受けています」などの文言だけが記載されている事例を見かけることがあります。

- 添付されている保証報告書が判読できない

  保証対象情報を記載しているサステナビリティ報告書等に保証報告書が添付されてはいるものの、保証報告書の解像度が低い、あるいは保証報告書が縮小されていることで、何が記載されているのか文字が判読できない事例を見かけることがあります。

このような事例がなぜ良くないかを考える場合に、財務会計を考えると理解

しやすいのではないかと思われます。例えば、財務会計では監査を受けた財務諸表等が記載されている報告書に監査報告書が添付されていない、添付されている監査報告書の文字が判読できないような場合と同じということになります。このようなことは財務会計ではありえません。これは監査報告書には監査意見が記載されており、監査を受けたことが必ずしも無限定の肯定的意見が表明されているということにはならないからです。これと同じように、保証業務の建付けではESG情報の審査においても、財務会計上の監査と同様に審査を受けたとはうことは、無限定で肯定的な結論を表明しているとは限らないため、このような取扱いは良くないということになります。

(2) 保証報告書の記載内容について疑問のある事例

保証報告書の記載内容について疑問のある事例を見かけることがあります。

▶サステナビリティ報告書等に記載の保証対象情報を保証しているかが不明
- 保証報告書上にサステナビリティ報告書等の名称がない
- 保証報告書上で保証対象情報を特定する記述がない
- 掲載しているサステナビリティ報告書等以外の名称が保証報告書に記載してある。

▶保証報告書において、ISAE3000 準拠としていると述べていながら、ISAE3000 の要求事項を満たしていない
- ISAE3000 に要求されている保証報告書の記載内容について記載がない
- 作成基準、対象組織範囲があいまいなまま保証報告書が発行されている

審査業務に関して、このような保証報告書に関する良くない事例が起こりうるのは、審査を実施する審査機関が、審査業務に関する理解が不足していることや、ISAE3000 等の保証業務基準を十分に理解していないことが要因ではないかと思われます。

企業は、外部の ESG 評価機関から ISAE3000 等に準拠した審査が求められていることに対応して、審査機関に審査を依頼しますが、審査機関から業務がで

きると説明を受ければ、気づくことなく審査業務として実施されることになります。

　また ISAE3000 等の準拠の審査を求めている ESG 評価機関側等においても、保証報告書に ISAE3000 準拠と記載されているかどうかの審査を受けているかのチェックにとどまっていることが課題ではないかと思われます。

第 4 章

ESG 情報審査の基準・ガイダンス

第1節

国際保証業務基準ISAE

1 国際保証業務基準ISAEの概要

(1) 保証の基準

ESG情報の審査を行う場合に必要となるのが基準です。ESG情報審査のことをESG保証業務とも呼び、審査を実施する人(審査人、保証業務実施者)が保証業務という行為を行うための業務基準がISAE3000(79)です。この他にESG情報審査ではESG情報を開示するための基準が登場します。企業にとっては作成基準であり、審査人にとっては判断のための基準ですので、「規準」と表記したり、クライテリアと呼称されたりします。

日本でも海外でも保証業務において最も利用されている一連の基準は国際保証業務基準ISAE3000です。ISAE3000シリーズとは、どのような背景で誰が作成し、どんな内容なのか、誰が利用するのか、利用する条件があるのかを見ていきましょう。

(2) 背景と基準設定者

財務諸表に対する監査、いわゆる会計監査(Audit)は19世紀後半に英米より起こり、20世紀に入って大きく発展してきました(80)。国内では戦後の昭和

---

(79) ISAEとはInternational Standard on Assurance Engagements(国際保証業務基準)の省略形であり、ISAE3000の正式名称は“ISAE 3000 (Revised), Assurance Engagements Other than Audits or Reviews of Historical Financial Information”(ISAE3000(改訂)、過去財務情報の監査又はレビュー以外の保証業務)(2013年、国際監査・保証基準審議会発行)(日本公認会計士協会訳)

(80) 出所:「モントゴメリーの監査論　第2版」第1章　1.3監査の起源および初期の歴史より(中央監査法人訳　中央経済社)

図表4－1－1　ESG情報審査（保証業務）における作成基準と保証業務基準

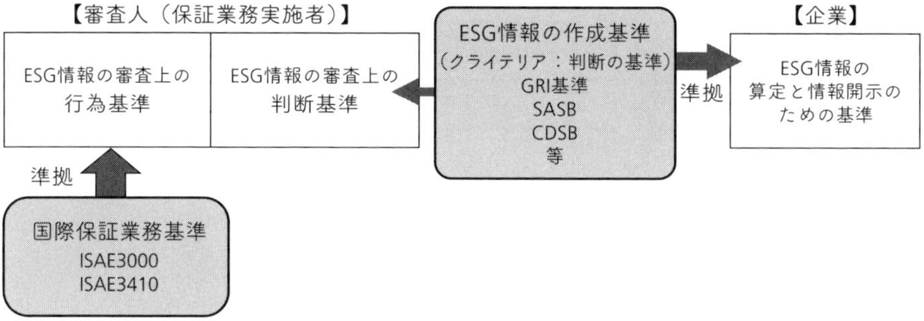

（出所：筆者作成）

23年に公認会計士法の成立後に現代的なスタイルへと変貌してきました。現在では証券取引市場が存在するほとんどの国で会計監査が制度化されていますが、監査の対象となるのは過去財務諸表（Historical Financial Information）のみです。近年、ESG情報の開示が急速に進み、その信頼性の確保が叫ばれているところですが、会計監査を巡る基準ではカバーされない領域となっています。

そこで、これまでは会計監査領域の国際監査基準（ISA）を設定していた国際監査・保証基準審議会（IAASB）[81]が、会計監査以外の領域に対応したISAE3000シリーズを設定したのです。ちなみに国際監査・保証基準審議会とは、世界中の職業会計士協会が加盟する国際会計士連盟（IFAC）[82]内に設置されていて、ボードメンバーは会計士だけではなく様々な有識者により構成されています。経済社会活動の広がりに呼応して、会計監査よりも広範な概念である保証業務に対するニーズが一層高まっており、この方面における国際監査・保証基準審議会の役割はさらに重要性を増していくことでしょう（図表4－1－2）。

（81）国際監査・保証基準審議会（IAASB, International Auditing And Assurance Standards Board）
（82）国際会計士連盟（IFAC, International Federation of Accountants）

図表4－1－2　ISAE設定機関、国際保証業務基準のカバー範囲

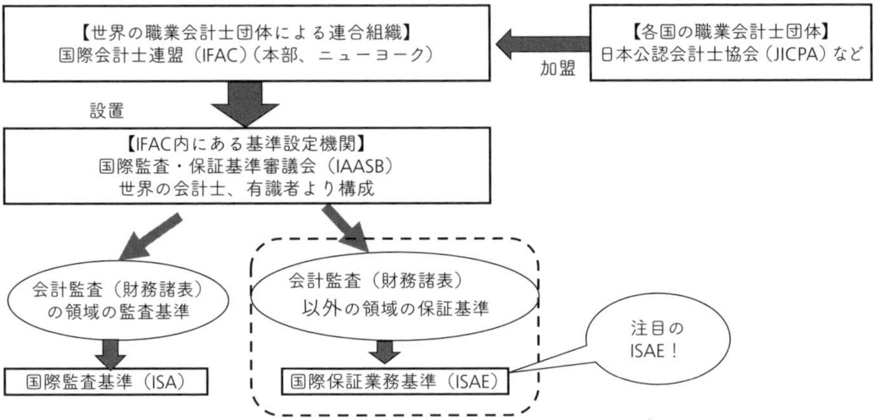

（出所：筆者作成）

図表4－1－3　国際保証業務基準の体系

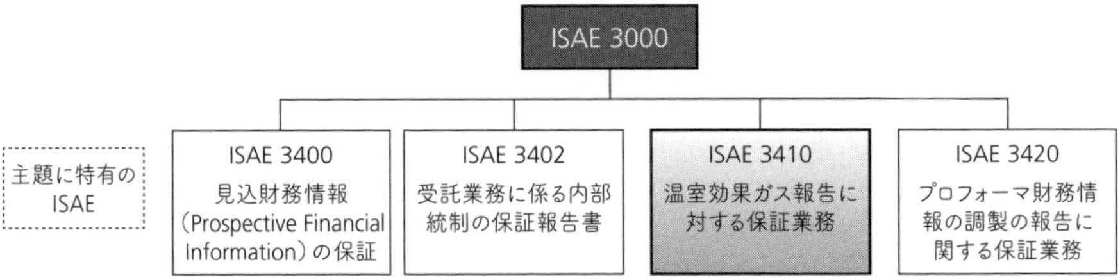

（出所：日本公認会計士協会「非財務情報の信頼性確保」
https://jicpa.or.jp/specialized_field/corporate_reporting/assurance.html）

（3）IASE3000の内容

ISAE3000のシリーズにある基準は図表4－1－3のとおりです。このうちESG情報審査に用いられている基準は、一般的にISAE3000とISAE3410です。

① ISAE3000フレームワーク及び本文

保証業務の国際的なフレームワーク（以下、フレームワーク）とIASE3000本文とはセットになっています。

図表4−1−4　ISAE3000シリーズの概要

国際保証業務基準	対象領域	具体例	備考
保証業務の国際的なフレームワーク	過去財務情報の監査以外	適用されない例としては、コンサルティング、税務申告、財務諸表の調整など	保証業務の要素が規定され、ISAE3000シリーズの概念的な基盤となる
ISAE3000	同上	・ESG情報などの非財務情報の保証業務 （情報開示媒体は、サステナビリティレポート、統合報告など名称や形式を問わない） ・ITセキュリティや法令順守状況など	他のISAE3000シリーズの基準を用いる場合に、必ず同時に用いられる
ISAE3400	予測財務諸表	・内部向け評価目的のための予測財務情報 ・投資家向け目論見書や金融機関向けの資金予測を含む予測財務情報の保証業務	（通常、ESG情報の審査では用いられない）
ISAE3402	受託機関の内部統制	・信託等の受託業務において、業務委託先が契約を履行するために十分な態勢を整備し、内部統制と構築運用していることの保証業務	（通常、ESG情報の審査では用いられない）
ISAE3410	温室効果ガス	・単独の温室効果ガス報告、または温室効果ガス情報を含むESG報告 （情報開示媒体は、サステナビリティレポート、統合報告など名称や形式を問わない）	ISAE3000よりも手続きが詳細に規定されている
ISAE3420	プロフォーマ（見積）財務情報	・投資家向け目論見書において、財務情報の調整プロセスに関する保証業務	（通常、ESG情報の審査では用いられない）

（出所：筆者作成）

フレームワークでは、保証業務の5要素が明確に提示されていて（第2章第1節24頁参照）、保証業務を実施する上での概念的な基盤が示されています。これによって、どのような業務が保証業務になりうるのかを線引きできるようになったのですが、コンサルティング業務のように保証業務に該当しないものも例示されています。さらに重要なことは、保証業務を実施するための前提条件が示されていることです。

ここで、ESG情報審査で一般的に実施されている限定的保証業務の定義を見てみましょう。

> 限定的保証業務では、業務実施者は業務リスクを当該業務の状況において受入可能な水準に減少させる。但し、そのリスクは、実施した手続及び入手した証拠に基づいて、主題情報に重要な虚偽表示があると業務実施者に信じさせる事項が認められたかどうかを伝達する形式で結果を表明するため、合理的保証業務よりも高い場合がある。限定的保証業務で実施される手続の種類、時期及び範囲は、合理的保証業務で必要な手続と比較して限定的であるが、業務実施者の職業的専門家としての判断において、有意である保証水準を得るように計画される。有意であるとは、業務実施者の得た保証の水準が、想定利用者の主題情報に関する信頼を重要でない程度よりは明らかに高めるであろうと想定されることである。
>
> （フレームワーク　パラグラフ15　下線は筆者）

保証業務とは、財務報告における監査と同様に保証の対象となるESG情報に対して、その作成基準とどの程度合致しているのかどうかを確かめるために、必要な手続きを実施して、客観的な証拠を入手し評価し、その結果を利用者に伝えるという体系的なプロセスのことです。決して単なるチェック作業ではありませんし、こうした一連のプロセスを高い水準で実施するために極めて強い倫理原則や品質管理基準が前提条件として課されているのです。

ISAE3000では、フレームワークで示された保証業務の概念を体系的なプロセスとして順々に記述する内容になっています。ISAE3000における保証業務の定義を見ますと、フレームワークと基本的に同じことを言っているのですが、保証業務実施者（審査人）が結論を表明するために必要十分な証拠を入手することが強調されています。

> 保証業務：主題に責任を負う者以外の想定利用者の主題情報についての信頼の程度を高めるために、業務実施者が結論（すなわち、主題を規準に照らして測

> 定又は評価した結果）を表明するに足る十分かつ適切な証拠を入手することを目的とする業務。
>
> （ISAE3000　パラグラフ12（a）　下線は筆者）

保証業務のプロセス、すなわち業務契約の前提条件、契約締結、保証業務計画、計画に沿った業務手続きの実施と調書の作成、後発事象の確認、結論の形成、経営者確認書の入手、保証報告書の提出、調書の保管という一連の流れはすでに第2章を通じて詳しく説明しました。

ここで改めて強調できることは、ISAE3000がカバーする範囲が極めて広いということです。現状のESG情報審査の実務では、主に過去の定量的情報が取り扱われることが多いのですが、概念的には監査以外の幅広い領域を保証の対象することが考えられます。実際に記述情報（定性的情報）や将来情報などについても保証業務の実施可能性についての検討がなされています。

図表4−1−5　保証と監査の概念的整理

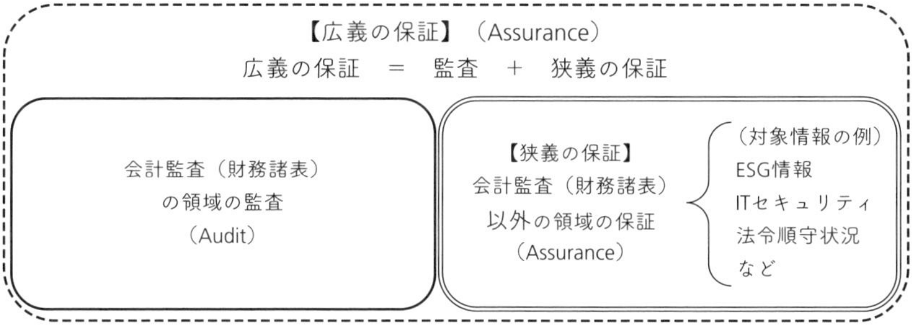

（出所：筆者作成）

② ISAE3410

ISAE3410は、温室効果ガス情報を保証する場合に用いられる国際保証業務基準です。日本では温対法[83]による届出制度はあるものの、温室効果ガス排出量の情報開示そのものは義務化されていません。それにもかかわらず、機関

（83）温対法、地球温暖化対策の推進に関する法律（再掲）

投資家が後押しする国際的イニシアティブであるCDP(84)や金融規制当局が懸念するリスク情報としてのTCFD(85)への関心が高まっているため、任意で情報開示する企業が増えています。こうした背景から温室効果ガス排出量の保証を求める企業が急速に増えており、ISAE3410の利用が進んでいます。

ISAE3410は、温室効果ガスに特化しているため、保証業務全体を取り扱うISAE3000よりも詳しい業務手続が求められています。例えば、企業やそのビジネス環境を理解して、温室効果ガス情報に重要な誤りがないかどうかを特定し、その影響度合いを測るために分析的手続が行われます。これは前年比較であったり、事業所間比較であったり、関係する活動量との比率の変化を探るという手続きです。図表4−1−6の例を見てみましょう。エネルギーという関連

図表4−1−6　推計値を用いた分析的手続のイメージ

前期		当期		
エネルギー 実績 A	温室効果ガス 実績 B	エネルギー 実績 C	温室効果ガス 推定値 D	温室効果ガス 実績 E
100 J	200 t-CO_2	110 J	220 t-CO_2	200 t-CO_2

温室効果ガス当期推定値（D）220 ＝ 温室効果ガス前期実績値（B）200 × エネルギー前期実績値（A）100 ／ エネルギー当期実績値（C）110

（出所：筆者作成）

(84) CDP、世界中の幅広い機関投資家の賛同を得て、気候変動など環境分野の情報開示を推進するNGO。旧称Carbon Disclosure Project（再掲）

(85) TCFD、各国の財務省による金融安定理事会（FSB）傘下のタスクフォースで、気候変動関連リスクと機会の情報開示を促す。Task Force on Climate-related Financial Disclosures（再掲）

する活動量の変化を考慮しない場合には、温室効果ガスの前期実績（B）と当期実績（E）とを単純に比較分析する方法となりますが、エネルギーの変化を考慮すると、温室効果ガスの当期推計値（D）と当期実績（E）とを比較分析して検証します。その他にも、温室効果ガス情報に影響を及ぼす不正、その疑いを把握しているかどうかについて、経営者に質問する手続きなどが ISAE3410 では ISAE3000 に加えて具体化されています。

ところで、ISAE3410 を利用する場合には、上位基準である ISAE3000 も必ず準拠しなければなりません。ISAE3000 については、ほぼ同じ内容で日本語化された実務指針[86]が作成されていますが、ISAE3410 にはありません。そのため温室効果ガスを保証する場合には、日本基準ではなく国際基準である ISAE3000 と ISAE3410 を用いなければなりません。

2　ISAE3000 を利用する前提

（1）ISAE は誰が使うのか

制度会計に基づく財務諸表の監査は公認会計士の独占業務とされています[87]。一方、そのような制限のない任意の領域では、法的には誰が保証業務を実施してもよいように見えます。特定の国の特定の業務に対してのみ有効な場合があり得ますが、そうした場合たとえ ISAE3000 でない基準だとしても、実態に即した基準が選定されていれば何ら懸念はありません。ただし ISAE3000 を用いる場合、つまり「準拠」していると謳うためには、その前提として倫理原則と品質管理基準を満たしていなければなりませんので、概要をご紹介します。

(86) 保証業務実務指針 3000「監査及びレビュー業務以外の保証業務に関する実務指針」（日本公認会計士協会）

(87) 公認会計士法第 2 条 1 項　公認会計士は、他人の求めに応じ報酬を得て、財務書類の監査又は証明をすることを業とする。

（2）職業倫理の原則

企業が作成して開示する情報を独立した立場から保証する保証業務実施者（審査人）には職業的専門家（プロフェッショナル）としての高い職業倫理が不可欠です。

ISAE3000では、国際会計士倫理基準審議会（IESBA）(88)の倫理規程(89)パートAとパートBを遵守することを求めています。パートAには、誠実性、守秘義務、自己レビュー等が規定されていて、パートBには利益相反、独立性等が規定されています。

例えば、独立性の考え方では精神的な独立性と外観的独立性が考慮されています。経済的な利益供与を受けてしまうと、もはや公正な立場で客観的に審査を行うことはできないでしょうし、直接的な金銭供与でなくとも就職斡旋のような便宜供与の場合であっても、やはり精神的独立性が侵されてしまうでしょう。もうひとつの外観的独立性は要求される倫理水準が厳格であることを物語っています。仮に気持ちはしっかりと独立性を保持し続けたとしても、対象となる企業の株式を保有していたり要職に子息が就いていたりする場合、審査人に外形的な利害関係が生じてしまっているため第三者からみれば信用できないということです。

事後に発覚した際に「私は知らなかった」という言い訳はまったく通りません。監査法人ではこうした利害関係のエラーを未然に防ぐために世界規模で数日以内に登録するシステムが運用され、日常的にモニターされています。

（3）品質管理の基準

品質管理としては、国際監査・保証基準審議会（IAASB）の国際品質管理基準第1号（ISQC1）(90)に準拠することがISAE3000で求められています。ISQC1

(88) 国際会計士倫理基準審議会（IESBA、The International Ethics Standards Board for Accountants）

(89) 倫理規程（International Code of Ethics for Professional Accountants（including International Independence Standards））（https://www.ethicsboard.org/internatinal-code-ethics-professional-accountants）

には、保証業務実施者（審査人）の事務所内において品質に対する方針とルールを定め、モニターしていくことの指導的責任、適切なスキルを持つ人的資源の確保、保証業務の実施に際しての監督責任や査閲責任、品質管理レビューの実施などが詳細に定められています。前述の職業倫理要件についてもすべての構成員が遵守していることを明らかにするための手続きを定めることとされています。

監査法人での品質管理レビューを例にとると、まず所属する組織内の専門部署によるレビュー、所属する組織のグローバルネットワークのルールに従ったグローバルレビュー、さらに業界団体である日本公認会計士協会の専門チームによるレビュー、監督官庁である金融庁によるレビュー、クライアントが海外に上場している場合には当該国の法令に沿った規制当局によるレビュー(91)など、何重にも及ぶ厳格なレビューが行われています。

IESBA も ISQC1 も、これらを遵守するためには高度な専門性が要求されるため、保証業務実施者（審査人）は CPE（継続的専門研修）制度(92)によって毎年最新の知見をアップデートしていかなければなりません。

なお、IESBA も ISQC1 も、いずれも世間からの期待に応えるべく、さらなる厳格化に向けて改訂作業が進められています。

---

(90) 国際品質管理基準第 1 号（ISQC1、This International Standard on Quality Control 1）（https://www.ifac.org/system/files/downloads/a007-2010-iaasb-handbook-isqc-1.pdf）

(91) 例えば、今世紀初頭に発生した企業の会計不祥事に対応するために設立された PCAOB（Public Company Accounting Oversight Board、米国公開企業会計監視委員会）が該当します。

(92) 日本公認会計士協会　CPE（継続的専門研修）制度（https://jicpa.or.jp/cpainfo/introduction/organization/cpe/）

第2節

ISO14064シリーズと認定制度

1　ISO14064シリーズ

(1) 概要説明

温室効果ガス排出量のモニタリング、報告、検証等に関するISO規格として2006年にISO14064が、また2007年にISO14065が発行されました（本シリーズではISO14066「温室効果ガス―温室効果ガスの妥当性確認チーム及び検証チームの力量に対する要求事項」も発行されましたが、本書では説明を割愛します）。ISO14064は第1部、第2部、第3部に分かれており、いずれも独立した規格となっています。これら規格の本文は、いずれも「shall」で記述され、要求事項として規定されています。これらのISO規格は発行から4～5年を経て、日本語に翻訳された日本工業規格（JIS）として制定されています。

ISO14064−1は組織におけるGHG排出量を算定する際に、事業者にとって必要な事項が規定されている規格です。キャップ&トレード型のスキーム、例えば前章で説明したASSET（先進対策の効率的実施によるCO_2排出量大幅削減事業設備補助事業（Advanced technologies promotion Subsidy Scheme with Emission reduction Targets））はこの規格に基づき制度設計がされており、ASSETに参加する事業者は、ISO14064−1の要求事項に準拠してGHG排出量を算定することになります。しかし、実際には制度の運営者が用意したガイドライン等に従ってGHG排出量を算定しますので、事業者が直接ISO14064−1を参照する機会はありません。ISO14064−1は2018年に改訂されましたが、改訂版のJISはまだ発行されていません。改定後のISO14064−1の規定内容は（2）に示すとおりです。

ISO14064−1：2006 ISO14064−1：2018	JIS Q 14064−1：2010	温室効果ガス−第1部：組織における温室効果ガスの排出量及び吸収量の定量化及び報告のための仕様並びに手引
ISO14064−2：2006 ISO14064−2：2019	JIS Q 14064−2：2011	温室効果ガス−第2部：プロジェクトにおける温室効果ガスの排出量の削減又は吸収量の増加の定量化、モニタリング及び報告のための仕様並びに手引
ISO14064−3：2006 ISO14064−3：2019	JIS Q 14064−3：2011	温室効果ガス−第3部：温室効果ガスに関する主張の妥当性確認及び検証のための仕様並びに手引
ISO14065：2007 ISO14065：2013 ISO14065：2020	JIS Q 14065：2011	温室効果ガス−認定又は他の承認形式で使用するための温室効果ガスに関する妥当性確認及び検証を行う機関に対する要求事項

（2020年12月現在）

ISO14064−2はGHG削減（あるいは吸収）プロジェクトにおけるGHG排出量を算定する際に、事業者にとって必要な事項が規定されている規格です。GHGの削減だけでなくGHGの大気中からの吸収、例えば森林による吸収も対象になります。ベースライン&クレジット型のスキーム、例えば前章で説明したJ−クレジット制度はこの規格に基づき設計されており、本制度に参加する事業者は、ISO14064−2の要求事項に準拠してGHG排出量を算定することになります。しかし、実際には制度の運営者が用意したガイドライン等に従ってGHG排出量を算定しますので、事業者が直接ISO14064−2を参照する機会はありません。ISO14064−2は2019年に改訂されましたが、改訂版のJISはまだ発行されていません。改定後のISO14064−2の規定内容は（3）に示すとおりです。

前述したISO14064−1及びISO14064−2がGHG排出量を算定する者によって参照される規格であるのに対し、ISO14064−3はGHG排出量算定に関する妥当性確認や検証を行う者にとって必要な事項が規定されている規格です。JIS化された規格のタイトルにある「妥当性確認」とは「validation」の和訳で、ISO14064−2でいうGHG削減（あるいは吸収）プロジェクトの計画書が一定の基準を満たしているか評価することをいいます。「有効化審査」と訳されることもあります。第三者として妥当性確認や検証を行う機関は「審査機関」あるいは「検証機関」などと呼ばれますが、この規格にはそれら機関が準拠すべき要求事項として、独立性、重要性、検証/妥当性確認の活動と手法、リスク評価、証拠の収集と評価、検証報告書などが規定されています。この規格は2019年に改訂されましたが、改訂版のJISはまだ発行されていません。

最後に説明するISO14065は、前述した審査機関あるいは検証機関に対する要求事項を規定した規格です。検証や妥当性確認を行う第三者機関としての認定を受けようとする場合、この規格の規定を順守する必要があります。2013年及び2020年に改訂版が発行されました。2020年版のISO14065はタイトルが「環境情報の妥当性確認及び検証を行う機関に対する一般原則及び要求事項」となり、機関が準拠すべき要求事項として、公平性の管理、責任、リソース、妥当性確認/検証の計画/実行/レビュー、苦情処理などが規定さています。

(2) ISO14064−1

ISO14064−1は2018年に改訂され、次のような内容となりました。この規格には、GHGインベントリの境界、GHG排出量及び吸収量の定量化、品質管理、報告などが規定されています。ここで「GHGインベントリ」とは、GHG排出プロセスや除去プロセスのリストと、それらを定量化したGHG排出量及び吸収量をいいます。

(3) ISO14064−2

ISO14064−2は2019年に改訂され、次のような内容となりました。この規格には、GHGプロジェクトにおけるベースラインの決定、GHG排出量（吸収量）の定量化、品質管理、報告などが規定されています。

ISO14064−1：2018 の概要（目次の仮訳）

序文
1　適用範囲
2　引用規格
3　用語及び定義
4　原則
　4.1　一般
　4.2　適切性
　4.3　完全性
　4.4　一貫性
　4.5　正確性
　4.6　透明性
5　GHG インベントリの境界
　5.1　組織の境界
　5.2　報告の境界
6　GHG 排出量及び吸収量の定量化
　6.1　GHG のソース及びシンクの特定
　6.2　定量化アプローチの選択
　6.3　GHG 排出量及び吸収量の計算
　6.4　基準年の GHG インベントリ
7　緩和活動
　7.1　GHG 排出量削減及び吸収量増加のイニシアチブ
　7.2　GHG 排出量削減又は吸収量増加のプロジェクト
　7.3　GHG 排出量削減又は吸収量増加の目標
8　GHG インベントリの品質管理
　8.1　GHG の情報管理
　8.2　文書保持及び記録保管
　8.3　不確かさの評価
9　GHG 報告
　9.1　一般
　9.2　GHG 報告の計画
　9.3　GHG 報告の内容
10　検証活動における組織の役割

ソースとは「source」、シンクとは「sink」のことで、それぞれ大気中に GHG を排出するプロセス、大気中から GHG を除去するプロセスをいいます。

ISO14064−2：2019 の概要（目次の仮訳）

序文
1　適用範囲
2　引用規格
3　用語及び定義
4　原則
　4.1　一般
　4.2　適切性
　4.3　完全性
　4.4　一貫性
　4.5　正確性
　4.6　透明性
　4.7　保守性
5　GHG プロジェクトの序文
6　GHG プロジェクトのための要求事項
　6.1　一般要求事項
　6.2　プロジェクトの記載
　6.3　プロジェクトに関する GHG SSR の特定
　6.4　GHG ベースラインの決定
　6.5　ベースラインシナリオに関する GHG SSR の特定
　6.6　GHG 排出量及び吸収量のモニタリング又は推計のための GHG SSR の選択
　6.7　GHG 排出量及び/又は吸収量の定量化
　6.8　GHG 排出量削減及び吸収量増加の定量化
　6.9　データ品質の管理
　6.10　GHG プロジェクトのモニタリング
　6.11　GHG プロジェクトの文書化
　6.12　GHG プロジェクトの検証及び/又は妥当性確認
　6.13　GHG プロジェクトの報告

SSR とは source/sink/reservoir のことで、それぞれ大気中に GHG を排出するプロセス、大気中から GHG を除去するプロセス、大気以外の GHG の蓄積をいいます。

2　検証機関の認定制度

事業者が算定したGHG排出量等を、第三者として検証や妥当性確認を行うのが検証機関です。その検証機関の能力を審査し、認定しているのが認定機関で、わが国では公益財団法人日本適合性認定協会（JAB）がこれに相当します。認定機関は、検証機関が妥当性確認・検証活動を行う際にISO14064−3の規定に従っており、かつISO14065の要求事項を満足していることを第三者として確認します。

JABの温室効果ガスの検証機関等に係る認定制度の対象は、ISO14064−1、ISO14064−2のプロジェクト妥当性確認と検証、ICAO CORSIA検証の4分野があります。

認定を受けることを希望する検証機関は、JABに認定の申請をした後、当該業務に係る各種内容を規定した文書のレビューを受け、これを通過すると現地審査へと進みます。現地審査では検証機関が実施する妥当性確認・検証の現場に立ち会い、検証機関の活動を基準に照らして評価した後、不適合事項を含む報告書が発行されます。検証機関は不適合事項を是正し、その内容が適切であると認定機関に認められると認定書が授与されます。認定を受けた後、検証機関は1年に1回のサーベイランスを受け、認定期間が終了する4年後には、認定の有効期間に先立ち再審査を受けます。

わが国の認定機関であるJABは、本書執筆時点で国内6機関の検証機関を認定しています。

第3節

EERの保証ガイダンス

1 背景

(1) EERとは

EER[93]は、投資家その他の利害関係者に対してESG情報を含めて開示する新たな企業報告のことであり、統合報告、サステナビリティ報告、アニュアルレポート等を含む幅広い概念です。

(2) EERに係るディスカッション・ペーパー

2016年8月、EERに係るディスカッション・ペーパーが、IAASB[94]から公表されました。これは、EERの動向及び保証業務（審査業務）に対するニーズに関する発見事項をまとめたもので、「新たな外部報告形態への信頼性の確保：保証業務に関する10の主要課題」というディスカッション・ペーパーです。

このディスカッション・ペーパーの主な内容は以下のとおりです（図表4−3−1）。

(3) WBCSDによるIAASBのEERプロジェクトの承認

IAASBは、EERの保証の10の主要課題に対する対応策として、EERに係るISAE3000（改訂）の適用ガイダンスを検討することを提案しました。それに対して、2017年11月、WBCSD[95]がスポンサーになって、ISAE3000（改訂）に

(93) EER　拡張された外部報告　External Extended Reporting
(94) IAASB　国際監査・保証基準審議会　The International Auditing and Assurance Standards Board
(95) WBCSD　持続可能な発展のための世界経済人会議　World Business Council for Sustainable Development

図表4－3－1　新たな外部報告形態への信頼性の確保：保証業務に関する10の主要課題

主な項目	概要
全般的考察	▶EERは企業に関する様々な情報ニーズを満たすため、進化過程にある ▶信頼性（Credibility and trust）の強化のための活動に対するニーズはある ▶報告枠組みの進化に応じて、信頼性提供の柔軟性が必要である ▶利用者に対する信頼性は、以下の4つの主な要因により強化される ・健全な報告の枠組み（sound reporting framework） ・強力なガバナンス（strong governance） ・整合性のある幅広い情報（consistent wider information） ・外部の職業専門家の業務報告書（external professional services reports） ▶健全な報告枠組みと強力なガバナンスの基礎概念は、保証業務の基礎概念と密接に関連する ▶EERの保証業務は、財務報告監査と極めて類似しているが、詳細では多くの点で重要な相違がある
10の主要課題	▶EERの保証業務に関連して識別した10の主要課題は以下のとおり。いずれも、EERと財務報告における枠組みの相違や、EERに対する健全なガバナンスを確立する中でこれらの相違がもたらす課題が原因である ①保証業務の範囲の決定、②規準の適合性、③重要性、④アサーションの設定、⑤ガバナンス及び内部統制プロセスの成熟度、⑥記述的情報、⑦将来志向の情報、⑧職業的懐疑心及び判断、⑨業務実施者の適性、⑩保証報告書の形式 ▶上記の10の課題は、EERに関連した保証業務がより広範に利用されることに対する障壁である
対応策の提案	▶以上の課題への対応策として、EERに係るIAASBの国際的な保証基準（ISAE3000（改訂））に関する適用ガイダンスの策定を検討する

（出所：「サステナビリティ情報審査協会2019年度更新研修『非財務情報開示と保証業務に関するJICPAの近年活動』研修資料」をもとに筆者作成）

関する適用ガイダンスの策定を支持することが発表されました。この出来事により、ISAE3000（改訂）に関する適用ガイダンスを策定するプロジェクト（EERプロジェクト）が本格的に開始されることになりました。

WBCSDは、サステナビリティの課題に対して企業が事業としてどのように対応すべきかというプラットフォームとして、1995年に設立された団体です。EERプロジェクトは、WBCSDの主要プロジェクトのひとつ「保証及び内部統制プロジェクト（assurance and internal controls project）」の一部を構成するものです。「保証及び内部統制プロジェクト」は、企業が、サステナビリティ報告に関する強固な内部統制を構築すること及び保証を受けることにより、企業価値を向上させることを目指しています。

2　EER プロジェクト

(1) EER プロジェクトの目的

EER プロジェクトの主な目的は次の２点です。

① ESG 情報に係る保証基準（審査基準）である ISAE3000（改訂）のより一貫した適切な適用を可能にすること

② EER の利用者による保証報告書（審査報告書）の信頼性をより高めること

IAASB は、以上の目的を達成するため、IASE3000（改訂）の適用に関する規範性のない（義務的でない）ガイダンス文書の開発を実施しています。なお、「1. 背景（2） EER に係るディスカッション・ペーパー」の回答者の大多数が、規範性のないガイダンスという位置づけを支持しています。

(2) EER プロジェクトの進捗状況

ガイダンス文書の策定は、EER の保証業務に関して識別されている10個の課題を対象に、２段階に分けて実施されています。１の「背景」で記載した内容も含め、EER プロジェクトに関する主な出来事を整理すると以下のとおりになります（図表４−３−２）。

図表4－3－2　IAASBのEERプロジェクトに関する主な出来事

時期	主な出来事
2016年8月	EERに係るディスカッション・ペーパーを公表
2017年11月	WBCSDがEERプロジェクトを承認
2017年12月	EERプロジェクト開始
2019年2月	プロジェクトの第1段階で策定したEER保証ガイダンス案に関するコンサルテーション・ペーパーを公表
2020年3月	EER保証ガイダンス全体の公開草案を公表
2020年後半	EER保証ガイダンスの最終版を公表予定

（出所：筆者作成）

(3) EER保証ガイダンス案の概要

①　EER保証ガイダンス案の対象範囲

EER保証ガイダンス案は、ISAE3000（改訂）のうち、EERの保証業務に関連した10の主要課題（図表4－3－1）に関連する部分についてのみを対象とするものですが、ISAE3000（改訂）の項目のかなりの部分をカバーするものとなっています。

②　EER保証ガイダンス案の構成

2020年3月に公表されたEER保証ガイダンス案は、ガイダンス「本文」に加え、補足資料A「背景情報」、補足資料B「事例」の3部から構成されており、合計で250ページを超えるボリュームのものになっています。（参考：ISAE3000（改訂）は約140ページ）本文を構成する項目を表にまとめると以下のとおりとなります（図表4－3－3）。

EER保証ガイダンス案の特徴のひとつとして、「11章　記述的EER情報の取扱い」と「12章　将来志向EER情報の取扱い」に関して充実した記述がなされたことが挙げられます。これらの項目に関しては、ガイダンス「本文」で約15ページにわたり説明されているだけでなく、補足資料B「事例」の中でも関連する事例が取り上げられています。

図表4－3－3　EER保証ガイダンス案の構成項目

章	項目
1	適切な適性及び能力の適用
2	職業的懐疑心の発揮及び専門的判断の行使
3	保証業務の前提条件及び保証範囲の決定
4	規準の適合性及び入手可能性の決定
5	内部統制システムの考慮
6	報告事項（Reporting topics）識別のための報告企業のプロセスの考慮
7	アサーションの設定
8	証拠の入手
9	虚偽表示の重要性の検討
10	保証報告書の作成
11	記述的EER情報の取扱い
12	将来志向EER情報の取扱い

（出所：日本公認会計士協会「保証実務専門委員会（EER対応チーム）『EERプロジェクトについて』配布資料」をもとに筆者作成）

3　今後の展望

(1) EER保証ガイダンス案にみられるESG情報開示の保証の動向

EER保証ガイダンス案の特徴のひとつとして、記述的情報と将来志向情報が詳述されていることを述べてきました。これらの両方の情報を含む事例として、補足資料B「事例」の中で、統合報告フレームワークに基づく情報に対する保証の事例が取り上げられています。このことは、統合報告書に含まれるESGに係る記述的情報や将来志向情報の開示に対する信頼性の担保が必要とされてきていること、すなわちこれらのESG情報開示に対する保証のニーズの高まりを意味しているものと考えられます。

（2）ESG 情報開示に係る動向

ここで保証の前提となる ESG 情報開示の動向に関して全体を俯瞰してみましょう。ESG 情報開示に係る最近の動向は目まぐるしいものがありますが、その主な潮流として、次の３点があると考えられます（図表４−３−４）。

図表４−３−４　ESG 情報開示の主な潮流

◆ ESG 情報開示のメインストリーム化（主流化）
◆様々な利害関係者の間の共通の問題意識として、ESG 情報開示の一貫性と比較可能性を確保しようとする動き
◆ ESG 情報開示の基準やフレームワークの主要な作成機関の協働

（出所：筆者作成）

上記３点は相互に関連があり、ESG 情報開示がメインストリーム化することにより、情報開示の一貫性や比較可能性が求められるのは必然的な流れであると考えられます。そして、情報開示の一貫性や比較可能性のためには、ESG 情報開示の基準やフレームワークを作成している主要機関が連携し、協働していくことが不可欠となります。

次に、これらの潮流を示す４つの出来事を取り上げます。これらの出来事には相互に関連性があるため、概要の説明後、ポイントを絞った図で相互関係を示してみたいと思います。

① IFAC(96)が「企業報告の強化：The Way Forward」を提言

IFAC は、2020 年９月 11 日に企業報告に関する提言を公表しました。その主な内容は次の３点です。

・IFAC は IFRS 財団(97)の下に国際会計基準審議会（IASB）と並んだ国際サステナビリティ基準審議会（ISSB）の創設を提言

(96) IFAC　国際会計士連盟　International Federation of Acconuntants
(97) IFRS 財団とは国際財務報告基準（IFRS）の開発を目的とした団体
(https://www.ifrs.org/-/media/feature/about-us/who-we-are/who-we-are-japanese-v2.pdf)

・その創設にあたってはIOSCO(98)が明確に支援すべき
・ISSBは、ESG情報開示の要求事項に関する主要なイニシアティブであるCDP、CDSB、GRI、IIRC、SASBなどと協働すべき

② ESG情報開示に関する既存5機関（CDP、CDSB、GRI、IIRC、SASB）が共同でIOSCOに公開レターを提出

2020年9月30日にESG情報開示の基準やフレームワークの主な作成機関である5機関（CDP、CDSB、GRI、IIRC、SASB）が共同で、IOSCOに公開レターを提出しました。その主な内容は次の3点です。

・私たちはESG情報を含む包括的な企業報告システムの実現に向けて協力することを約束
・IFRS財団は包括的な企業報告のための枠組みを開発することが可能
・IFRS財団による当該枠組み開発の成功のためには、IOSCOの支援が不可欠

③ IFRS財団が「サステナビリティ報告に関する協議ペーパー」を公表

IFRS財団評議委員会は、2020年9月30日にサステナビリティ報告（ESG報告）に関する協議ペーパーを公表しました。その主な内容は次の5点であり、これらの内容に関して、2020年12月31日までにコメントを求めています。

・すべての利害関係者の共通のメッセージとして、サステナビリティ報告における一貫性と比較可能性を改善することが急務
・そのためには、IFRS財団の下に、国際的なサステナビリティ基準を開発するための新しいサステナビリティ基準審議会（SSB）を創設する
・SSBの目的は、最初は気候関連リスクに焦点を当てたサステナビリティ報告基準の国際的なセットを開発し、維持管理すること
・既成の他の機関との協力は重要（例：TCFD、SASB、GRI、CDSB、CDP）
・国際的に一貫したサステナビリティ報告の実務を達成するためには、企業が報告するサステナビリティ情報は、最終的には保証の対象となる必要が

(98) IOSCO（証券監督者国際機構）とは、世界各国・地域の証券監督当局や証券取引所等から構成されている国際的な機関であり、日本では金融庁、経済産業省、日本取引所グループ等が会員（https://www.fsa.go.jp/inter/ios/ios_menu.html）

ある。しかし、そのような保証を達成するには概念上及び実務上の課題がある（一貫した国際的フレームワークの必要性や、サステナビリティに関連した定性的な開示要求事項を示すことの困難を含む）

IFRS財団が想定しているSSBのガバナンス態勢は以下のようなものであると考えられます（図表4－3－5）（2020年12月の本稿作成時点においてはSSBの創設に関しては未確定）。

図表4－3－5　SSBのガバナンス態勢のイメージ

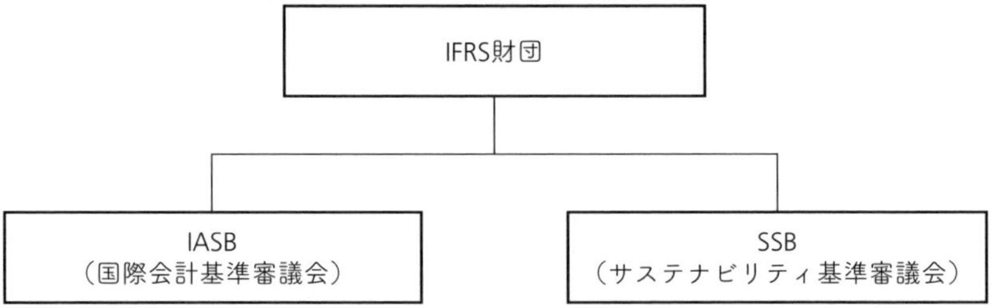

（出所：IFRS財団「サステナビリティ報告に関する協議ペーパー（日本語訳）」をもとに筆者作成）

④　IOSCOが上記②の公開レターに対して公開回答を公表

IOSCOは、2020年10月28日に上記②の公開レターに対して公開回答を公表しました。その主な内容は次の4点です。

・2020年4月に公表したIOSCOのサステナブルファイナンスネットワークのレポートで指摘された懸念点は以下の3点
　▶多様なサステナビリティフレームワークや基準の存在
　▶サステナビリティ活動の共通定義の欠如
　▶グリーンウオッシュと投資家保護の課題
・IFRS財団が公表した協議ペーパー（上記③）を歓迎する。SSBの創設は重要なマイルストーンである
・IOSCOは、包括的で国際的な企業報告システムのガバナンス設計に関与する用意がある

・サステナビリティ報告が完全で一貫して比較可能であることに関し、改善すべき緊急の必要性があることに同意する

以上の出来事をまとめて相関関係を図示すると以下のとおりになります（図表4－3－6）。企業の ESG 報告に関する利害関係者が協力して、ESG 情報開示を一貫した比較可能なものにしようとする動きがあることが分かります。

図表4－3－6　ESG 情報開示のメインストリーム化への動き

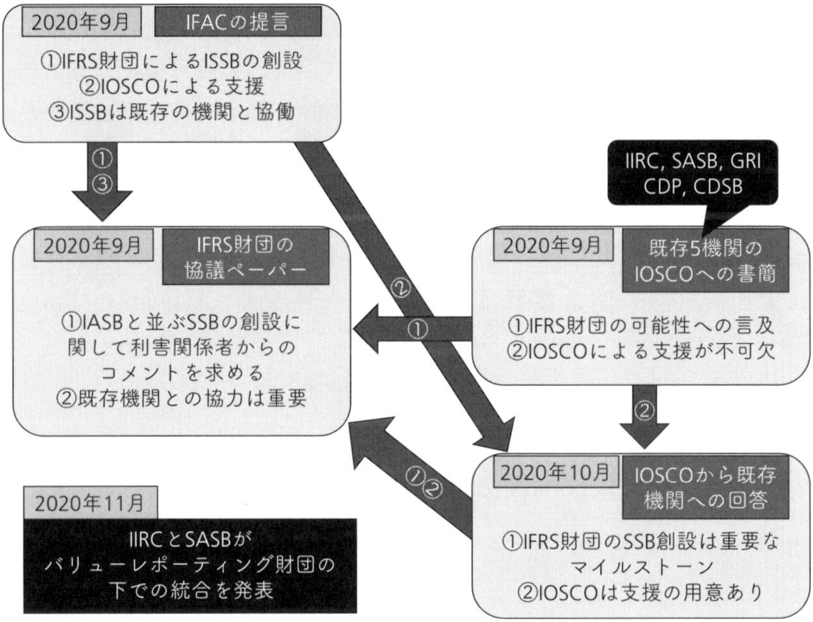

（出所：筆者作成）

（3）ESG 情報開示の保証の今後の展望

今まで見てきたとおり、ESG 情報開示は急速にメインストリーム化しています。そのため、今後は投資家などの利害関係者から ESG 情報開示の信頼性向上へのニーズが急速に高まっていくと考えられます。

そのようなESG情報開示の信頼性向上のニーズの高まりに応えるために、ESG情報開示の保証の必要性が格段に高まっていくものと想定されます。一方、ESG情報開示の保証に関し、記述的情報や将来志向情報に対する保証のガイダンスが整備されつつあり、そのニーズに応える素地が整いつつあります。

以上を踏まえると、今後、ESG情報開示の保証が一般化していくことは時間の問題だと考えられます。保証は、ESG情報開示の信頼性向上のためのインフラのひとつとして、今後、益々重要な役割を果たすことが期待されます。

補論

IAASBによるEER保証ガイダンス案は、2021年4月に確定版が公表されました。確定版『EERに対する保証業務へのISAE3000（改訂）の適用に関する規範性のないガイダンス』においても、構成やボリュームに大きな変更はありません。

IFRS財団によるSSB創設に関し、2021年4月に同財団から公開草案が公表されました。同公開草案では、ISSB（International Sustainability Standards Board）の創設及びその構成メンバーや役割などの具体的な項目に関し、2021年7月29日までにコメントが求められています。

IIRCとSASBの統合に関して、2021年6月にIIRCとSASBの合併が完了し、価値報告財団(Value Reporting Foundation)が設立されたことが正式に発表されました。

索　引

〔た〕

〔な〕

〔は〕

〔ま〕

〔ら〕

〔A–Z〕

引用参考文献

〔第 2 章〕

第 1 節

（ウェブサイト）

一般社団法人サステナビリティ情報審査協会『サステナビリティ情報審査実務指針』（http://www.j−sus.org/jitumusisin.pdf）

国際会計士連盟（IFAC）国際監査・保証基準審議会（IAASB）『保証業務の国際的なフレームワーク』及び『国際保証業務基準 3000 号「過去財務情報の監査又はレビュー以外の保証業務」』（日本公認会計士協会訳）（https://jicpa.or.jp/specialized_field/isa_18.html）

第 2 節

一般社団法人サステナビリティ情報審査協会『サステナビリティ情報審査実務指針』（http://www.j−sus.org/jitumusisin.pdf）

一般社団法人サステナビリティ情報審査協会『倫理規程』『禁止される利害関係 付則』（http://www.j−sus.org/rinri−kitei.pdf）

国際会計士連盟（IFAC）国際監査・保証基準審議会（IAASB）『保証業務の国際的なフレームワーク』及び『国際保証業務基準 3000 号「過去財務情報の監査又はレビュー以外の保証業務」』（日本公認会計士協会訳）（https://jicpa.or.jp/specialized_field/isa_18.html）

国際会計士連盟（IFAC）国際監査・保証基準審議会（IAASB）『国際保証業務基準第 3410 号「温室効果ガス報告に対する保証業務」』（日本公認会計士協会訳）https://jicpa.or.jp/specialized_field/isa_15.html）

第３節

（ウェブサイト）

経済産業省『PRTR 制度』(https://www.meti.go.jp/policy/chemical_management/law/prtr/index.html）

国際会計士連盟（IFAC）『INTERNATIONAL FRAMEWORK FOR ASSURANCE ENGAGEMENTS』及び『International Standard on Assurance Engagements（ISAE）3000 Revised, Assurance Engagements Other than Audits or Reviews of Historical Financial Information』（https://www.ifac.org/system/files/publications/files/ISAE%203000%20Revised%20－%20for%20IAASB.pdf）

※上記の翻訳版：国際会計士連盟（IFAC）国際監査・保証基準審議会（IAASB）『保証業務の国際的なフレームワーク』及び『国際保証業務基準 3000 号「過去財務情報の監査又はレビュー以外の保証業務」』（日本公認会計士協会訳）（https://jicpa.or.jp/specialized_field/isa_18.html）

国際会計士連盟（IFAC）『INTERNATIONAL STANDARD ON ASSURANCE ENGAGEMENTS 3410 ASSURANCE ENGAGEMENTS ON GREENHOUSE GAS STATEMENTS』（https://www.ifac.org/system/files/publications/files/B008%202013%20IAASB%20Handbook%20ISAE%203410.pdf）

※上記の翻訳版：国際会計士連盟（IFAC）国際監査・保証基準審議会（IAASB）『国際保証業務基準第 3410 号「温室効果ガス報告に対する保証業務」』（日本公認会計士協会訳）（https://jicpa.or.jp/specialized_field/isa_15.html）

日本公認会計士協会　「監査基準委員会報告書 520　分析的手続」（https://jicpa.or.jp/specialized_field/20190612sze.html）

（書籍）

Vincent M. O’Reilly, Patrick J. McDonnell, Barry N. Winograd, James S. Gerson, Henry R. Jaenicke 共著による“Montgomery’s AUDITING”（Twelfth Edition）の中央監査法人訳「モントゴメリーの監査論」（第２版）（中央経済社）

児島隆著「新版アメリカ監査基準書〔SAS〕の読み方」（中央経済社）

東洋監査法人編「内部管理実務ハンドブック」（中央経済社）

第４節

（ウェブサイト）

（再掲）国際会計士連盟（IFAC）『INTERNATIONAL FRAMEWORK FOR ASSURANCE ENGAGEMENTS』及び『International Standard on Assurance Engagements（ISAE）3000 Revised, Assurance Engagements Other than Audits or Reviews of Historical Financial Information』（https://www.ifac.org/system/files/publications/files/ISAE%203000%20Revised%20－%20for%20IAASB.pdf）

※上記の翻訳版（再掲）：国際会計士連盟（IFAC）国際監査・保証基準審議会（IAASB）『保証業務の国際的なフレームワーク』及び『国際保証業務基準3000号「過去財務情報の監査又はレビュー以外の保証業務」』（日本公認会計士協会訳）（https://jicpa.or.jp/specialized_field/isa_18.html）

国際会計士連盟（IFAC）国際監査・保証基準審議会（IAASB）『保証業務の国際的なフレームワーク』及び『国際保証業務基準3000号「過去財務情報の監査又はレビュー以外の保証業務」』（日本公認会計士協会訳）（https://jicpa.or.jp/specialized_field/isa_18.html）

（再掲）国際会計士連盟（IFAC）『INTERNATIONAL STANDARD ON ASSURANCE ENGAGEMENTS 3410 ASSURANCE ENGAGEMENTS ON GREENHOUSE GAS STATEMENTS』（https://www.ifac.org/system/files/publications/files/B008%202013%20IAASB%20Handbook%20ISAE%203410.pdf）

※上記の翻訳版（再掲）：国際会計士連盟（IFAC）国際監査・保証基準審議会（IAASB）『国際保証業務基準第3410号「温室効果ガス報告に対する保証業務」』（日本公認会計士協会訳）（https://jicpa.or.jp/specialized_field/isa_15.html）

日本公認会計士協会　「監査基準委員会報告書75　監査報告書作成に関する実務指針」（https://jicpa.or.jp/specialized_field/75_3.html）

サステナビリティ情報審査協会　「サステナビリティ情報審査実務指針」（http://j－sus.org/jitumusisin.pdf）

第５節

（ウェブサイト）

（再掲）：国際会計士連盟（IFAC）『INTERNATIONAL FRAMEWORK FOR ASSURANCE

ENGAGEMENTS』及び『International Standard on Assurance Engagements (ISAE) 3000 Revised, Assurance Engagements Other than Audits or Reviews of Historical Financial Information』(https://www.ifac.org/system/files/publications/files/ISAE%203000%20Revised%20-%20for%20IAASB.pdf)

上記の翻訳版(再掲):国際会計士連盟(IFAC)国際監査・保証基準審議会(IAASB)『保証業務の国際的なフレームワーク』及び『国際保証業務基準3000号「過去財務情報の監査又はレビュー以外の保証業務」』(日本公認会計士協会訳)(https://jicpa.or.jp/specialized_field/isa_18.html)

〔第3章〕

第1節

(ウェブサイト)

IPCC『第5次評価報告書』(気象庁訳)(https://www.data.jma.go.jp/cpdinfo/ipcc/ar5/index.html)

UNFCCC 気候変動枠組条約(https://unfccc.int/)

IPCC 気候変動に関する政府間パネル(https://www.ipcc.ch/)

EUETS 欧州連合域内排出量取引制度(https://ec.europa.eu/clima/policies/ets_en)

CDP(https://www.cdp.net/en)

金融安定理事会(FSB)TCFD(https://www.fsb-tcfd.org/)

環境省『温室効果ガス排出量の算定・報告・公表制度』(https://ghg-santeikohyo.env.go.jp/)

環境省、経済産業省『グリーン・バリューチェーンプラットフォーム』(https://www.env.go.jp/earth/ondanka/supply_chain/gvc/)

国際エネルギー機関(IEA)『World Energy Outlook 2020』及び『World Energy Outlook 2015』(和訳版)(https://www.iea.org/reports/world-energy-outlook-2020 及び World Energy Outlook 2015-Executive Summary-Japanese version (iea.org))

環境省「温室効果ガス排出量算定ガイドライン ver1.0」(https://www.env.go.jp/

policy/local_keikaku/data/guideline.pdf）
環境省『フロン排出抑制法ポータルサイト』（http://www.env.go.jp/earth/furon/）
公益財団法人地球環境戦略研究機関『IGES List of Grid Emission Factors』（https://www.iges.or.jp/en/pub/list-grid-emission-factor/en?_ga=2.72281235.1808067067.1604578388-788793990.1559543828）
Greenhouse Gas Protocol『Technical Guidance for Calculating Scope 3 Emissions（version 1.0）』（https://ghgprotocol.org/scope-3-technical-calculation-guidance）
国際サステナブル開発機関（IISD）『Fossil Fuel to Clean Energy Subsidy Swaps: How to pay for an energy revolution』（Fossil Fuel to Clean Energy Subsidy Swaps: How to pay for an energy revolution（iisd.org））

（書籍）

WRI/WBCSD『GHG protocol-Technical Guidance for Calculating Scope 3 Emissions-Supplement to the Corporate Value Chain（Scope 3）Accounting & Reporting Standard』（みずほ情報総研㈱仮訳）
環境省、経済産業省『サプライチェーンを通じた温室効果ガス排出量算定に関する基本ガイドライン』（http://www.env.go.jp/earth/ondanka/supply_chain/comm_rep/gl201203v2-full.pdf）
国際エネルギー機関（IEA）『EMISSION FACTORS 2020-DATABASE DOCUMENTATION』（オンライン刊行）

第2節

（ウェブサイト）

エクエーター原則/赤道原則（The Equator Principles）（https://equator-principles.com/）
『エクエーター原則/赤道原則（2020年7月）』日本語版
（https://equator-principles.com/wp-content/uploads/2020/09/EP4_Japanese.pdf）

（書籍）

みずほ銀行・三菱東京 UFJ 銀行・三井住友銀行『実務解説 エクエーター原則/赤道原則』（金融財政事情研究会）

第 3 節

（ウェブサイト）

環境省「ASSET ウェブサイト」

公益財団法人日本適合性認定協会「温室効果ガス妥当性確認・検証機関の認定（ISO 14065）」

J−クレジット制度事務局「J−クレジット制度」

東京都環境局「大規模事業所における対策」

（公表資料）

ASSET（Advanced technologies promotion Subsidy Scheme with Emission reduction Targets） 第 9 期 実施ルール、Ver. 9.0、令和 2 年 5 月 8 日、環境省

ASSET モニタリング報告ガイドライン、Ver. 9.0、令和 2 年 5 月 8 日、環境省

先進対策の効率的実施による CO_2 排出量大幅削減事業設備補助事業（ASSET）排出量検証のためのガイドライン、Ver. 1.1、2013.9.1、環境省

ISO 14064−1：2018　温室効果ガス−第 1 部：組織における温室効果ガスの排出量及び吸収量の定量化及び報告のための仕様並びに手引

ISO14065：2007　温室効果ガス−認定又は他の承認形式で使用するための温室効果ガスに関する妥当性確認及び検証を行う機関に対する要求事項

国内における地球温暖化対策のための排出削減・吸収量認証制度（J−クレジット制度）実施規程（プロジェクト実施者向け）、Ver. 5.0、2020 年 5 月 27 日

国内における地球温暖化対策のための排出削減・吸収量認証制度（J−クレジット制度）実施規程（審査機関向け）、Ver. 2.0、2020 年 5 月 27 日

国内における地球温暖化対策のための排出削減・吸収量認証制度（J−クレジッ

ト制度）モニタリング・算定規程（排出削減プロジェクト用）、Ver. 3.6、2020 年 6 月 29 日
大規模事業所への温室効果ガス排出総量削減義務と排出量取引制度（概要）（2020 年 6 月現在；東京都環境局）
総量削減義務と排出量取引制度における特定温室効果ガス排出量算定ガイドライン（2020 年 4 月；東京都環境局）

〔第 4 章〕

第 1 節

（ウェブサイト）

（再掲）国際会計士連盟（IFAC）『INTERNATIONAL FRAMEWORK FOR ASSURANCE ENGAGEMENTS』及び『International Standard on Assurance Engagements（ISAE）3000 Revised, Assurance Engagements Other than Audits or Reviews of Historical Financial Information』（https://www.ifac.org/system/files/publications/files/ISAE%203000%20Revised%20－%20for%20IAASB.pdf）
※上記の翻訳版（再掲）：国際会計士連盟（IFAC）国際監査・保証基準審議会（IAASB）『保証業務の国際的なフレームワーク』及び『国際保証業務基準 3000 号「過去財務情報の監査又はレビュー以外の保証業務」』（日本公認会計士協会訳）（https://jicpa.or.jp/specialized_field/isa_18.html）
（再掲）：国際会計士連盟（IFAC）『INTERNATIONAL STANDARD ON ASSURANCE ENGAGEMENTS 3410 ASSURANCE ENGAGEMENTS ON GREENHOUSE GAS STATEMENTS』（https://www.ifac.org/system/files/publications/files/B008%202013%20IAASB%20Handbook%20ISAE%203410.pdf）
※上記の翻訳版（再掲）：国際会計士連盟（IFAC）国際監査・保証基準審議会（IAASB）『国際保証業務基準第 3410 号「温室効果ガス報告に対する保証業務」』（日本公認会計士協会訳）（https://jicpa.or.jp/specialized_field/isa_15.html）
日本公認会計士協会　「非財務情報の信頼性確保」（https://jicpa.or.jp/specialized_field/corporate_reporting/assurance.html）
倫理規程（International Code of Ethics for Professional Accountants（including International Independence Standards））（https://www.ethicsboard.org/

publications/final-pronouncement-restructured-code-19）
国際品質管理基準第 1 号（ISQC1、This International Standard on Quality Control 1）（https://www.ifac.org/system/files/downloads/a007-2010-iaasb-handbook-isqc-1.pdf)、日本公認会計士協会訳「国際品質管理基準第 1 号-財務諸表の監査及びレビュー並びにその他の保証及び関連サービス業務を行う事務所の品質管理」（https://jicpa.or.jp/specialized_field/files/ISQC1-20110216.pdf）

（書籍）
（再掲）Vincent M. O'Reilly, Patrick J. McDonnell, Barry N. Winograd, James S. Gerson, Henry R. Jaenicke 共著“Montgomery's AUDITING”（Twelfth Edition）の中央監査法人訳「モントゴメリーの監査論」（第 2 版）（中央経済社）
高木健治、高島静枝共著「保証業務を活用した情報の信頼性向上」（EY 新日本有限責任監査法人　情報センサー Vol. 79（2013 年 2 月号））
弥永真生著「監査人の外観的独立性」（商事法務）
山浦久司編著「会計士情報保証論-保証業務のフレームワークと会計士の役割」（中央経済社）
上妻義直編著「環境報告書の保証」（同文館出版）
内藤文雄著「財務情報等の監査・保証業務」（中央経済社）
内藤文雄編著「監査・保証業務の総合研究」（中央経済社）

第 2 節
（ウェブサイト）
公益財団法人日本適合性認定協会「温室効果ガス妥当性確認・検証機関の認定（ISO 14065）」

（公表資料）
ISO 14064-1：2018　温室効果ガス-第 1 部：組織における温室効果ガスの排

出量及び吸収量の定量化及び報告のための仕様並びに手引
ISO 14064-2：2019　温室効果ガス-第2部：プロジェクトにおける温室効果ガスの排出量の削減又は吸収量の増加の定量化、モニタリング及び報告のための仕様並びに手引
ISO 14064-3：2019　温室効果ガス-第3部：温室効果ガスに関する主張の検証及び妥当性確認のための仕様並びに手引
ISO 14065：2007　温室効果ガス-認定又は他の承認形式で使用するための温室効果ガスに関する妥当性確認及び検証を行う機関に対する要求事項
ISO 14065：2020　環境情報の妥当性確認及び検証を行う機関に対する一般原則及び要求事項

第3節

（ウェブサイト）

WBCSDのニュースリリース『サステナビリティと統合報告の進化を目指したIAASBとWBCSDの新しい協業』（2017年11月）（https://www.wbcsd.org/Programs/Redefining-Value/External-Disclosure/Assurance-Internal-Controls/News/IAASB-and-WBCSDs-New-Collaboration-leads-to-further-Sustainability-and-Integrated-Reporting）
WBCSD『WBCSDの沿革』（https://www.wbcsd.org/Overview/Our-history）
WBCSDのニュースリリース『IAASBのEER保証の公開草案に対するコメントの要請』（2020年4月）（https://www.wbcsd.org/Programs/Redefining-Value/External-Disclosure/Assurance-Internal-Controls/News/Calling-for-input-IAASB-consultation-on-extended-external-reporting-assurance）
IAASB「『EER保証ガイダンス』公開草案」（2020年3月）（https://www.iaasb.org/publications/public-consultation-proposed-guidance-extended-external-reporting-eer-assurance-march-2020）
IFAC『The way forward（企業報告の強化）』（2020年9月）（https://www.ifac.org/knowledge-gateway/contributing-global-economy/publications/enhan

cing−corporate−reporting−way−forward）
IIRC ニュースリリース「CDP、CDSB、GRI、IIRC、SASB『IOSCO への公開レター』」（2020 年 9 月）（https://integratedreporting.org/news/open−letter−to−erik−thedeen−chair−of−the−sustainable−finance−task−force−of−the−international−organization−of−securities−commissions−iosco/）
IFRS 財団「『サステナビリティ報告に関する協議ペーパー』（日本語訳）」（2020 年 9 月）（https://cdn.ifrs.org/−/media/project/sustainability−reporting/consultation−paper−on−sustainability−reporting−jp.pdf）
IOSCO『CDP、CDSB、GRI、IIRC、SASB からの公開レターへの公開回答』（2020 年 10 月）（https://www.iosco.org/library/speeches/pdf/20201029−Erik−Thed%C3%A9en.pdf）
JICPA のニュースリリース『IIRC と SASB が組織統合を表明』（2020 年 11 月）（https://jicpa.or.jp/news/information/2020/20201127jeh.html）

（公表資料）
サステナビリティ情報審査協会「2019 年度更新研修『非財務情報開示と保証業務に関する JICPA の近年活動』研修資料」

補論
（ウェブサイト）
IAASB『拡張された外部報告（EER）に対する保証業務への国際保証業務基準第 3000 号（ISAE 3000）（改訂）の適用に関する規範性のないガイダンス』（2021 年 4 月）（https://www.iaasb.org/publications/non−authoritative−guidance−applying−isae−3000−revised−extended−external−reporting−assurance）
IFRS 財団『ISSB（International Sustainability Standards Board）創設に関する公開草案』（2021 年 4 月）
（https://www.ifrs.org/content/dam/ifrs/project/sustainability−reporting/ed−2

021−5−proposed−constitution−amendments−to−accommodate−sustainability−board.pdf）

JICPAのニュースリリース『価値報告財団（Value Reporting Foundation）が設立されました（IIRCとSASBの合併）』（2021年6月）
（https://jicpa.or.jp/news/information/2021/20210610hfe.html）

執筆者紹介

一般社団法人サステナビリティ情報審査協会（略称：J–SUS）

前身の日本環境情報審査協会を2005年6月に設立し、2007年7月に有限責任中間法人サステナビリティ情報審査協会として設立（一般社団法人への名称変更：2009年12月）。環境情報や社会性情報の審査機関及び審査人の認定・登録制度、審査に関する基準等の作成、サステナビリティ報告書等の登録制度、J–SUS認定審査機関シンボル（通称：J–SUSシンボル）の運営、審査人の研修及びサステナビリティ報告書等の審査に関する情報提供等を実施（2021年7月現在の会員及び認定審査機関6社）。

浅輪紀男（あさわのりお）

一般財団法人日本品質保証機構 特別参与、J–SUS理事。

環境計測、環境アセスメント、計量に係る品質管理に従事後、ISO14001、ISO9001の審査員として活動。企業の温室効果ガス排出量を始めとする環境情報の第三者検証にも携わり、一般社団法人温室効果ガス審査協会代表理事を歴任。技術士（建設部門／環境部門）、サステナビリティ情報審査人。

阿部和彦（あべかずひこ）

PwCサステナビリティ合同会社 執行役員。J–SUS副会長。

日本サステナブル投資フォーラム監事。環境省「環境コミュニケーション大賞」審査委員、「グリーンボンドに関する検討会」委員等を歴任。東京、ニューヨーク、ボストンで会計監査、会計アドバイザリー業務に従事。2008年よりサステナビリティ支援チームに所属し、ESG情報の保証業務、ESG関連の定量評価やポリシー策定・実行体制構築等の支援業務を提供。共著『自然資本入門』等。公認会計士。

岡本光信（おかもとみつのぶ）

有限責任監査法人トーマツ ESG・統合報告アドバイザリー　シニアマネジャー、J-SUS 理事。

日本公認会計士協会 経営研究調査会 サステナビリティ保証専門委員会 専門委員長を歴任。会計監査従事後、環境・CSR 等の助言業務に従事し、現在は、主に ESG 情報の保証業務、ESG 等非財務情報開示の充実、ESG 外部評価向上、人権・サプライチェーンリスク管理などに関する助言業務に従事している。公認会計士、サステナビリティ情報審査人。

沢味健司（さわみけんじ）

EY 新日本有限責任監査法人 サステナビリティ担当パートナー、J-SUS 理事

会計監査、IPO 支援に従事後、環境省入省。環境報告書の法制化、環境に配慮した金融制度創設に取り組む他、国連持続可能開発部（UNDSD）の日本リエゾンとして、環境活動の費用対効果の定量化手法の開発に携わった。監査法人復帰後は、ESG 情報の保証業務、非財務情報開示や企業価値評価向上を多数手がけている。公認会計士、サステナビリティ情報審査人。

松尾幸喜（まつおゆきのぶ）

KPMG あずさサステナビリティ株式会社 取締役、J-SUS 代表理事。

総合商社において日本、香港、米国法人での勤務を経て朝日監査法人（現有限責任あずさ監査法人）に入所。KPMG あずさサステナビリティ株式会社設立とともに出向し、ESG 情報に対する審査、非財務情報報告の高度化、ESG 評価分析、責任あるサプライチェーン管理などのサステナビリティ経営支援に携わっている。サステナビリティ情報審査人。

丸山陽司（まるやまようじ）

日本検査キューエイ株式会社 常任顧問、J-SUS 監事。

センチュリー監査法人（現あずさ監査法人）にて会計監査、経営コンサルティ

ング、IPO 支援に従事後、ISO 審査機関設立に参画。事業統合を経て取締役に就任後、現職。環境マネジメントシステム（EMS）認証、温室効果ガス（GHG）検証、ESG 情報審査を多数手がけている。公認会計士、EMS 主任審査員、GHG 検証主任者（東京都、埼玉県)、サステナビリティ情報審査人。

ESG情報の外部保証ガイドブック
—SDGsの実現に向けた情報開示

2021年11月1日　初版発行
2023年 8 月1日　初版2刷発行

著　者　一般社団法人サステナビリティ情報審査協会
発行者　大坪克行
発行所　株式会社 税務経理協会
〒161-0033東京都新宿区下落合1丁目1番3号
http://www.zeikei.co.jp
03-6304-0505
印　刷　美研プリンティング株式会社
製　本　牧製本印刷株式会社
デザイン　株式会社グラフィックウェイヴ
編　集　吉冨智子

本書についての
ご意見・ご感想はコチラ

http://www.zeikei.co.jp/contact/

ISBN 978-4-419-06803-5　C3034